개정판

중남미 국제개발협력 입문

개정판

중남미 국제개발협력 입문

초판 1쇄 발행　2016년　2월　5일
개정판 1쇄 발행　2018년　1월　5일
개정판 2쇄 발행　2022년　3월 28일
개정판 3쇄 발행　2024년 11월 18일

지 은 이　정상희
펴 낸 이　신일희
펴 낸 곳　계명대학교 출판부
출판등록　제347-1998-1호(1970. 9. 1)
주　　소　대구광역시 달서구 달구벌대로 1095
대표전화　053-580-6233
팩　　스　053-580-6235
홈페이지　www.kmupress.com

ISBN　978-89-7585-800-0　93320　정가 15,000원

이 도서의 국립중앙도서관 출판예정도서목록(CIP)은 서지정보유통지원시스템 홈페이지(http://seoji.nl.go.kr)와 국가자료공동목록시스템(http://www.nl.go.kr/kolisnet)에서 이용하실 수 있습니다.(CIP제어번호: CIP2017035043)

개정판

중남미 국제개발협력 입문

계명대학교 출판부

머리말

국제개발협력 체제는 급격히 변화하고 있으며 2016년을 시작으로 2030년까지 글로벌 공동목표로 수립된 SDGs에는 이러한 변화가 반영되어 있다. 따라서 전통적인 공여국, 신흥공여국, NGO, 기업 등 다양한 행위주체가 등장하고 있으며 이러한 행위주체 간 협력을 통한 지원이 확대되고 있다. 또한 상호의존성과 연결성이 더욱더 강화되고 있는 오늘날 국제사회에서 ODA 혹은 개발협력은 공여국의 수원국에 대한 일방적인 지원의 의미를 넘어선 '국제협력'이라는 확대된 개념으로 인식되고 있다.

이러한 맥락에서 초판에 이어 발간한 이번 개정판은 초판의 기본적인 틀을 유지하면서 국제개발협력에서 다루어지고 있는 최근 이슈를 반영하였다. 특히, SDGs를 중심으로 변화하고 있는 개발환경과 체제의 전환과정을 분석하였다. 또한 중남미 주요 공여국의 정책과 사례에 대한 분석을 통해 향후 중남미에 대한 우리의 정책방향을 재고하였다.

이 책의 구성은 다음과 같다. 서론에 이어 제1장에서 국제개발협력의 개념, 주체, ODA지원현황과 추세, 지원목적, 개발협력의 시각, 개발협력 체제의 전환에 대해서 다루었다. 제2장에서는 국제개발협력의 역사를 시대별로 다루면서 중남미의 발전과정과 연관시켜 설명하였다. 또한 개발협력에서 시대의 흐름에 따라 대두되었던 다양한 개발협력이슈, MDGs, 혁신적인 개발재원과 원조효과성, SDGs에 대해 설명하고 각각의 이슈를 중남미 지역과 연관하여 분석하였다. 제3장에서는 개발협력에서 범분야(cross-cutting) 이슈로 고려되고 있는 빈곤, 젠더, 환경을 개발과 관련하여 설명하고 중남미에서 각각의 영역과 관련하여 논의되고 있는 현황과 쟁점을 분석하였다. 제4장에서는 국제개발협력의 관점에서 중남미 지역을 분석하였다. 따라서 중남미 개관, 권역별 접근, 국제개발협력의 관점에서 중남미의 위치와 역할, 중남미의 주요한 개발과제를 소개하였다. 제5장에서는 국제사회의 ODA지원현황, 중남미 ODA지원현황, 주요공여국과 수원국에 대해서 설명하였다. 마지막으로 제6장에서는 한국의 ODA역사, 중남미 지원정책과 현황을 다루었으며 중남미 중점협력국 CPS, 전통적인 공여국들의 중남미 국가에 대한 정책과 사례를 소개하면서 향후 한국의 중남미에 대한 정책방향을 재고하였다.

이 책은 국제개발협력의 관점에서 일반적으로 주목 받지 못했던 중남미 지역에 초점을 두었다. 앞에서도 언급했던 것처럼 ODA 혹은 개발협력은 '국제협력'의 개념으로 확대되고 있다. 따라서 국제사회는 개발협력을 독립적이며 개별적인 관점에서 접근하기보다는 개발, 무역, 외교 등 국제협력을 위한 다양한 영역 간의 조화를 통한 통합적인 관점으로 접근하고 있다. 이러한 시각과 접근방식의 변화는 기존 DAC공여국들의 중남미 지역에 대한 정책의 변화에서 파악할 수 있다. 이처럼 이 책은 개발협력과 중남미를 다루었다는 측면에서 의미가 있다는 생각이 든다.

이 책의 마지막 부분의 부록에는 해외봉사활동 등 개발협력과 관련된 활동에 참여하는 학생과 일반인들이 활용할 수 있으며 기본적이나 이 분야의 전문용어라고 할 수 있는 개발협력 분야의 스페인어 용어들을 선별하여 정리하였다. 향후 이 책이 중남미 국제개발협력 분야에서 꿈을 펼치길 원하는 학생들과 관심이 있는 사람들에게 도움이 되길 바란다.

목차

제3장

국제개발협력의 주요이슈

제4장

국제개발협력의 관점에서 바라본 중남미

제5장

국제사회의 ODA 지원현황

제6장

한국의 ODA역사와 중남미 지원현황

표 목차

그림 목차

BOX 목차

주요 약어

AAA	Accra Agenda for Actions	아크라행동계획
ALBA	Alianza Bolivariana para los Pueblos de Nuestra América	아메리카를 위한 볼리바르 동맹
BHNs	Basic Human Needs	인간의 기본적인 욕구
BMZ	German Federation Ministry for Economic Cooperation and Development	독일연방 경제협력부
CARICOM	Caribbean Community and Common Market	카리브 공동체
CCT	Conditional Cash Transfer	조건부현금지급
CIAT	Capacity Improvement & Advancement Tomorrow	씨앗, 코이카 연수사업 브랜드
CEDAW	Convention on Elimination of all forms of Discrimination Against Women	여성차별철폐협약
CELAC	Comunidad de Estados Latinoamericanos y Caribeños	중남미 카리브 국가 공동체
CEPAL	Comisión Económica Para América Latina y el Caribe	라틴아메리카 경제위원회
CPS	Country Partnership Strategy	국가협력전략
CSR	Corporate Social Responsibility	기업의 사회적 책임
DR-CAFTA	Dominican Republic-Central America Free Trade Agreement	중미자유무역협정
EC	European Commission	유럽위원회
EDCF	Economic Development Cooperation Fund	대외경제협력기금

EU	European Union	유럽연합
GAD	Gender and Development	젠더와 개발
GBS	General Budget Support	일반예산지원
GDI	Gender-related Development Index	여성개발지수
GEM	Gender Empowerment Measure	여성권한척도
GGGI	Global Gender Gap Index	세계성별격차지수
GII	Gender-related Index	성불평등 지수
GIZ	German Federal Enterprise for International Cooperation	독일국제협력공사
GNI	Gross National Income	국민총소득
GNP	Gross National Product	국민총생산
HDI	Human Development Index	인간개발지수
HLM	High Level Meeting	고위급회담
HPI	Human Poverty Index	인간빈곤지수
ICT	Information and Communication Technology	정보통신기술
IDA	International Development Association	국제개발협회
IDB	Inter-American Development Bank	미주개발은행
IDEP	International Development Exchange Programs	국제개발교환 프로그램
IMF	International Monetary Fund	국제통화기금
IPCC	International Panel On Climate Change	국제기후변화 위원회

ISI	Import Substitution Industrialization	수입대체산업화
JICA	Japan International Cooperation Agency	일본국제협력단
KOICA	Korea International Cooperation Agency	한국국제협력단
LDCs	Least Developed Countries	최빈국
LFM	Logical Framework Matrix	로그프레임
LICs	Low Income Countries	저소득국
LMICs	Low Middle Income Countries	하위중소득국
MDGs	Millennium Development Goals	새천년개발목표
MICs	Middle-Income Countries	중소득국
NAFTA	North American Free Trade Agreement	북미자유무역협정
NDS	National Development Strategy	국가개발전략
NGO	Non-Governmental Organization	비정부기구
NIEO	New International Economic Order	신국제경제질서
ODA	Official Development Assistance	공적개발원조
OECD	Organization for Economic Co-operation and Development	경제협력개발기구
OECD /DAC	OECD Development Assistance Committee	OECD 개발원조위원회
OEEC	Organization for European Economic Co-operation	유럽경제협력기구
OECF	Overseas Economic Cooperation Fund	일본 해외경제협력기금

PAHO	Pan American Health Organization	범미주보건기구
PBA	Program-Based Approach	프로그램형 접근
PPP	Public Private Partnership	공공민간파트너십
PPP	Purchasing Power Parity	구매력평가지수
PRSP	Poverty Reduction Strategy Paper	빈곤감소전략 보고서
SAP	Structural Adjustment Programme	구조조정프로그램
SDGs	Sustainable Development Goals	지속가능한 개발목표
SICA	Sistema de Integración Centroamericana	중미통합기구
SIGI	Social Institutions and Gender Index	사회적 제도 및 젠더지수
SWAp	Sector-Wide Approaches	섹터별 접근법
TOSSD	Total Official Support for Sustainable Development	총공적개발지원
UMIC	Upper Middle Income Countries	상위중소득국
UN	United Nations	국제연합
UNASUR	Unión de Naciones Suramericanas	남미국가연합
UNCED	UN Conference on Environment and Development	유엔환경개발회의
UNCSD	UN Conference on Sustainable Development	지속가능한 개발에 관한 유엔회의
UNDP	UN Development Programme	유엔개발계획
UNEP	UN Environment Programme	유엔환경계획

UNFCCC	UN Framework Convention on Climate Change	기후변화에 관한 유엔기본 협약
UNHCR	Office of the UN High Commissioner for Refugees	유엔난민 고등판무관실
UNIDO	UN Industrial Development Organization	유엔산업개발기구
USAID	United States Agency for International Development	미국국제개발 협력청
WECD	World Commission on Environment and Development	유엔세계환경개발 위원회
WDI	Women in Development	개발에 여성의 통합
WFP	World Food Programme	유엔세계식량계획
WSSD	World Summit on Sustainable Development	지속가능한개발 세계 정상회의

CHAPTER

1

국제개발협력이란?

1장

국제개발협력이란?

1. 국제개발협력의 개념

국제개발협력(International Development Cooperation) 또는 개발협력(Development Cooperation)은 개발과 협력이라는 두 가지 단어로 이루어져 있다. 개발 혹은 발전으로 번역되는 'Development'는 다양한 학문 분야에서 정의되고 있는 포괄적인 개념이다. 국제개발협력 분야에서 개발은 근대화 이론(Modernization Theory)을 기반으로 경제와 사회적인 성장이라는 긍정적인 의미를 함축하고 있다.

따라서 개발협력 혹은 개발원조는 광범위한 국제사회의 협력을 의미하며 개발도상국('이하 개도국')의 빈곤퇴치와 경제, 사회개발, 즉 개발(Development)을 지원하는 공공, 민간부문의 구체적인 노력과 행위를 지

칭한다.[01]

공적개발원조(Official Development Assistance, ODA)는 개도국의 개발을 목적으로 사용되는 '개발재원(Development Financing)'의 다양한 형태 중 하나이며 개발협력의 용어보다 하위개념으로 볼 수 있다. OECD 개발원조위원회(Development Assistance Committee, DAC)는 ODA를 개도국의 경제, 사회개발을 증진할 목적으로 이루어지는 공적거래로서 양허적 성격의 자금으로 정의하고 있다.

즉, ODA는 다음과 같은 조건을 충족하는 자금을 일컫는다.[02]

첫째, 공여주체는 중앙, 지방정부와 그 집행기관 등 공적인 성격의 기관이며 대상은 OECD DAC의 수원국 리스트에 속한 국가 혹은 다자개발협력기구이다. 둘째, ODA의 목적은 개도국의 경제발전과 복지증진, 즉 개발(Development)을 위한 목적에 부합해야 하며 상업적, 군사적 목적으로 제공되는 자금은 ODA로 볼 수 없다. 다만 예외적으로 개도국에서 발생한 재난 등에 대해 공여국의 군대가 수행하는 인도적 원조 및 개발과 관련된 활동, UN이 지정하는 특정 평화구축 활동비용은 ODA에 해당되고 있다. 셋째, 공여조건은 증여(Grant)[03]와 양허성차관(Concessional loan)[04]으로 완화된 원조, 즉 증여율이 25%이상인 자금을 의미한다.

최근 국제개발협력 체제의 변화로 인해 OECD DAC회원국들은 2014

---

01 조한덕(2014), "국제개발협력과 ODA", 『국제개발협력 첫걸음』, 성남: 한국국제협력단, pp. 98-99.

02 박수영·조한슬(2015), 『Post-2015 체제의 ODA정의 현대화와 총공적개발지원 분석연구』, 성남: 한국국제협력단, pp. 9-32; 조한덕(2014), op. cit., pp. 102-105.

03 증여는 무상원조를 뜻하며 상환조건이 없이 제공되는 현금, 물자, 서비스를 의미한다.

04 양허성 차관은 유상원조이며 상환의 책임을 지는데 수원국의 입장에서 이자율, 상환기간, 거치기간이 일반차관보다 유리한 조건의 자금으로 볼 수 있다. 단, ODA로 계상되기 위해서는 증여율이 25% 이상이어야 한다.

년 12월 각료급 회의(High Level Meeting, HLM)에서 유상원조 측정방식을 개정하는데 합의했으며 지속가능한 개발을 위한 총공적개발지원(Total Official Support for Sustainable Development, TOSSD)라는 새로운 개념을 도입하였다.

따라서 측정방식과 관련하여 순지출방식(Cash Flows)[05]에서 증여등가액 방식(Grant Equivalent)[06]을 도입했으며, 증여율 역시 일괄적으로 25%를 적용하는 방식에서 개도국의 소득그룹에 따라 ODA로 인정되는 부분을 차등적으로 적용하고 있다. 즉, 최빈국(Least Developed Countries, LDCs), 저소득국(Low Income Countries, LICs)은 45%, 하위중소득국(Lower Middle Income Countries, LMICs)은 15%, 상위중소득국(Upper Middle Income Countries, UMICs)은 10%의 증여율을 적용하고 있다.[07]

지속가능개발을 위한 총공적지원(TOSSD)은 개도국으로 유입되는 ODA이외의 공적재원의 흐름을 측정하는 역할을 하며 ODA의 범위를 넘어선 개발과 관련된 광범위한 재원을 포함하고 있다.

TOSSD의 도입은 ODA외에 공적개발재원이 존재하는 개발협력 체제의 현실을 통계에 반영했다는 의미를 함축하고 있다. 이를 통해 국제사회는 공여국의 개발 지원에 대한 노력을 인정하는 것이다. 한편, 개도국의 시각

---

05 유상원조는 지원시점에서 ODA로 기록되는데 이후 개도국 정부가 공여국 정부에게 상환할 경우 그 금액만큼 공여국의 총 ODA에서 감액된다. 이러한 계산법을 순지출 측정방식이라고 한다.

06 증여등가액 방식은 유상원조의 집행시점부터 '증여등가' 부분을 ODA로 계상하여 수원국 정부가 상환할 경우 다시 감액하는 절차를 거치지 않는다.

07 박수영·조한슬(2015), op. cit., pp. 28-29; 임소진(2015), "국제사회의 개발재원 지형의 변화와 한국의 개발협력에 대한 시사점", 『한국의 개발협력』, No. 1, 서울: 대외경제협력기금 국제개발협력연구센터 참조.

으로 볼 때 자국에 유입된 자금의 전체적 규모를 파악함으로써 재정운영 계획을 효과적으로 수립할 수 있다. 이처럼 향후 ODA는 TOSSD로 대체 될 수 있으나 실질적으로 감소할 수 있다.[08]

[그림 1-1] 지속가능개발을 위한 총공적지원(TOSSD) 범주(안)

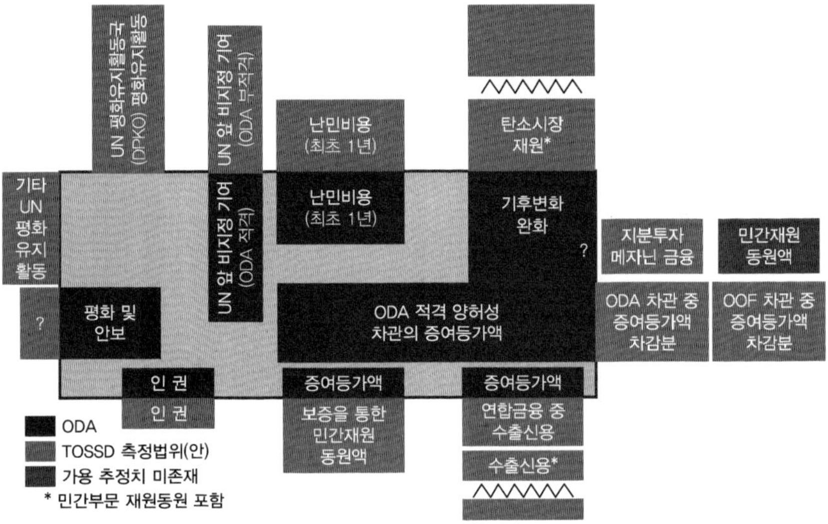

출처: 임소진 · 석창민(2016)

2. 국제개발협력의 주체

국제개발협력 체제의 변화에 따라 행위주체는 전통적인 주체와 새로운

---

08 박수영·조한슬, op.cit. 참조.

주체로 구분할 수 있다. 전통적인 주체 중 가장 먼저 언급할 수 있는 기관은 OECD 내 개발원조 위원회(DAC)이며 ODA를 지원하는 공여국과 기관으로 구성되어 있다.

DAC는 국제개발협력의 행위자로서 주요한 규범과 정책 가이드라인을 수립하고 회원국들의 개발협력 정책과 이행상황을 검토하고 있다. 2017년 기준 DAC 회원국은 30개국에 이르고 있으며 한국은 2010년 DAC에 가입하였다. 최근 한국의 개발협력 체제에서 발생하고 있는 다양한 변화들은 DAC 가입 이후에 나타난 현상으로 볼 수 있다.

또한 UN 및 산하기관, 국제개발금융기관 등 다양한 국제기구, 개발 NGOs, 시민사회는 국제개발협력의 전통적인 행위주체이다.

이러한 전통적인 행위주체 이외에 새로운 주체가 등장하고 있으며, 새로운 주체로서 우선 신흥공여국(Emerging Donors)을 언급할 수 있다. 신흥공여국은 3가지로 구분할 수 있다.[09] 첫째, OECD회원국이나, DAC의 비 회원국으로서 ODA를 지원하는 체코, 헝가리, 멕시코, 폴란드, 슬로바키아, 칠레 등이 있다. 둘째, OECD 비 회원국이나 ODA를 지원하는 대만, 브라질, 러시아, 인도, 중국 등이 있다. 셋째, 또 다른 범주의 국가들은 수원국이나 공여국으로서 역할하고 있으며 남남협력(South-South Cooperation)의 형태로 지원하고 있다. 특히, 중소득국(Middle Income Countries, MICs)에 속하는 대다수 중남미 국가들은 OECD DAC의 수원국 리스트에 속하고 있으나 남남협력 형태를 통해 공여국으로서 역할하고 있다.

최근 민간기업 등 다양한 행위주체가 증가하고 있으며 이러한 새로운 행위주체로 인해 개발재원의 형태가 다각화되고 있다. 이러한 추세로 인해 국제사회에서 일관성 있는 원조정책의 수립과 집행 등에서 혼란이 발생하고

---

09 조한덕, op. cit., pp. 116-117.

있으며 따라서 다양한 개발주체 간 사업의 중복방지와 행위주체 간 상호보완성을 높이기 위한 협력 체제를 구축하는 것을 현안과제로 볼 수 있다.

3. ODA지원현황과 추세

세계적인 ODA지원 규모는 DAC의 통계를 통해 파악할 수 있다. DAC이 설립된 1960년을 개발협력이 시작된 시점으로 본다면, 현재까지 ODA의 전체적인 규모는 지속적으로 확대되어 왔다. 1990년대 세계적인 경제위기와 공여국들의 원조피로(Aid Fatigue) 현상으로 인해 ODA 규모는 위축되는 경향을 보였으나 2000년대 새천년개발목표(Millenium Development Goals, MDGs)의 수립, 원조효과성 제고 등 다양한 개발이슈가 논의되면서 2010년을 기점으로 ODA규모는 확대되었다.

DAC 회원국의 ODA지원 추세는 세계적인 경제위기 등 외부적인 환경에 의해 영향을 받고 있으며 다음과 같이 국가별 경제상황과 국제환경의 변화에 따라 계단식 형태로 나타나고 있다.

ODA지원규모는 절대적인 규모와 국민총소득(Gross National Income, GNI) 대비 지원 비율이라는 두 가지 기준을 통해 파악할 수 있다. DAC의 최근 통계인 2016년을 기준으로 볼 때, 전체 ODA규모는 1,433억불에 이르고 있다. 이처럼 절대적인 ODA의 지원규모로 볼 때, 세계 최대 공여국은 미국(336억), 독일(247억불), 영국(180억불), 일본(100억불), 프랑스(95억불) 순이었다.

[그림 1-2] DAC회원국의 ODA지원추이

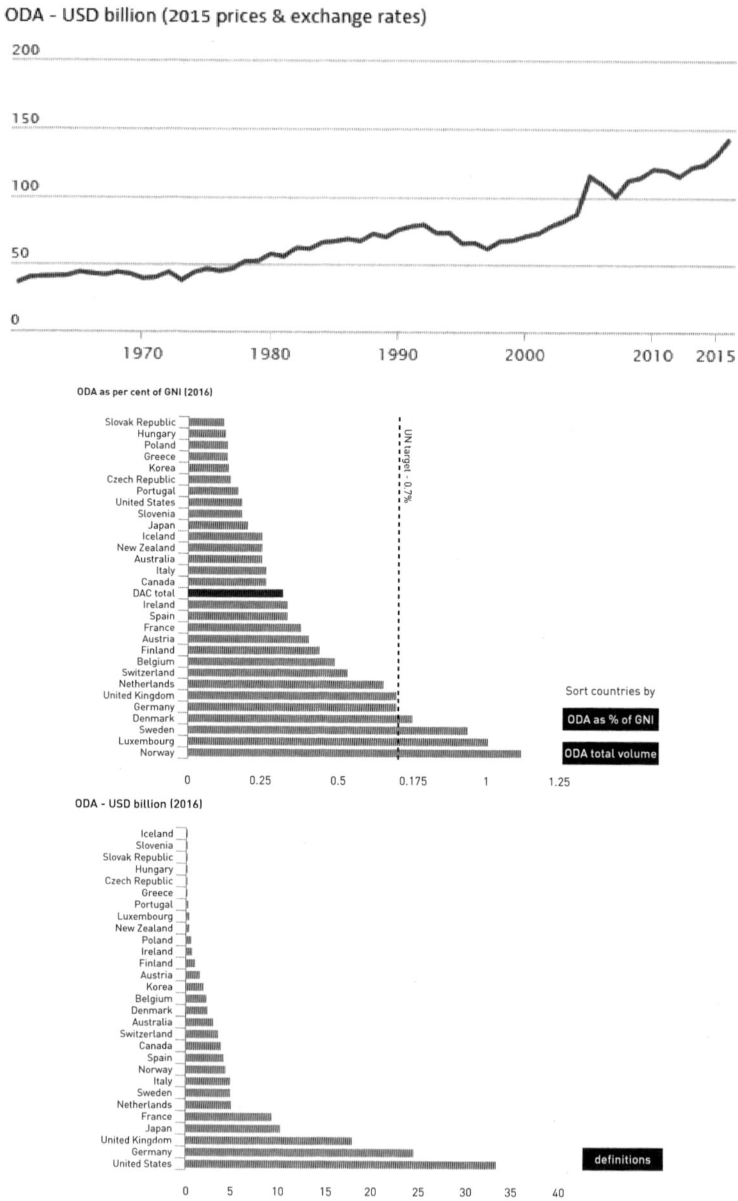

출처: OECD DAC Aid 통계 참조

경제규모 대비 한 국가가 실질적으로 지원하는 ODA규모를 파악할 수 있는 기준은 국민총소득(GNI) 대비 ODA 지원 비율이다. UN은 GNI 대비 ODA 지원 비율을 0.7%로 권고하고 있으며 DAC회원국은 평균 0.32%에 이르고 있다. 현재까지 대부분 공여국들은 UN의 목표를 달성하지 못하고 있다. 2016년 기준, DAC회원국 중 이러한 목표치를 상회하는 국가는 노르웨이(1.11%), 룩셈부르크(1%), 스웨덴(0.94%), 덴마크(0.75%), 독일(0.7%), 영국(0.7%) 등 6개국이다.[10]

한국은 GNI 대비 0.12%를 지원하고 있다. 한국의 지원 비율은 UN의 권고 뿐 아니라 DAC회원국의 평균에도 미치지 못하고 있다. 따라서 한국은 ODA지원 규모를 현재 수준으로부터 확대하기 위한 다양한 정책적 노력을 전개하고 있다.

[그림 1-3] DAC회원국의 GNI 대비 ODA지원추이

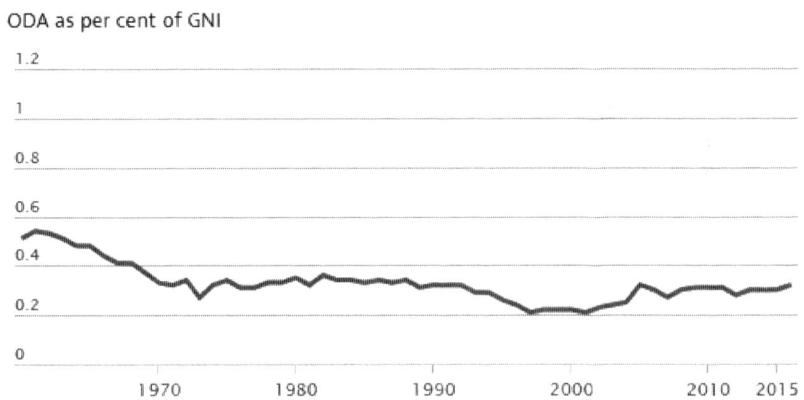

출처: OECD DAC Aid 통계 참조

10 OECD DAC, ODA 2016 통계참조.

4. 국제개발협력의 지원목적

국제개발협력의 지원목적은 개도국의 경제개발과 복지증진에 기여하는 것이다. 그러나 실제 국가별 각기 다른 목표와 동기에 의해 지원하고 있으며 이에 따라 원조규모, 지원형태, 주요 협력국, 지원 분야가 달라진다고 볼 수 있다.

국제개발협력의 주요 목적은 정치·외교, 개발, 인도주의, 상업적 목적으로 분류할 수 있다.[11]

정치·외교적 목적은 공여국과 수원국 간의 식민지 경험과 정치적인 동맹관계가 중시되고 있으며 원조는 공여국의 대외정책 도구로서 인식되고 있다. 이러한 관점은 2차 세계 대전 이후 신생 독립국의 등장, 냉전체제라는 국제환경 속에서 이루어져 왔던 초기 원조 지원의 동기와 깊은 관련성이 있다. 대표적인 국가는 미국과 프랑스이다. 미국이 2차 세계 대전이후 서유럽을 지원했던 유럽부흥계획 혹은 마셜플랜(Marshall Plan)은 이러한 시각이 반영된 대표적인 사례이다. 이후 미국은 냉전체제에서 소련을 중심으로 하는 공산주의 진영의 영향력 확대를 방지하기 위해 자유민주주의 진영의 개도국들을 지원하였다.

냉전이후 이러한 정치·외교적인 지원 동기는 약화되었으나 2001년 9·11 테러 이후 미국 외교정책의 방향이 대 테러정책으로 선회하고 국제관계에서 평화와 안전보장 달성의 중요성이 다시 대두되면서 원조는 국제관계 전략의 맥락에서 재논의되었다.

---

11 한국국제협력단(2013),『국제개발협력의 이해(개정판)』, 성남: 한국국제협력단, pp. 30-36.

프랑스는 대외원조에서 '연대와 영향력'이라는 슬로건을 강조하고 있으며 특히 구식민국가였던 아프리카 대륙을 중심으로 이러한 시각이 반영된 원조를 지원하였다. 현재까지 프랑스는 아프리카를 우선지역으로 고려하고 있으며 전체의 약 35%를 지원하고 있다.

둘째, 개발적인 목적은 개도국의 경제·사회적 발전과 빈곤퇴치를 목적으로 하고 있으며 이러한 관점은 개발협력 본래의 목적과 깊은 연관성이 있다. 이러한 관점은 1970년대와 1980년대의 오일쇼크, 식량위기와 중남미 부채위기를 배경으로 등장하였다. 따라서 개발협력은 자금지원, 구조조정, 부채탕감 등의 형태를 통해 개도국의 경제안정과 성장을 지원하고 교육과 보건 분야에 대한 지원을 통해 개도국 주민 삶의 질 제고를 주된 목적으로 하고 있다. 따라서 원조는 정치, 외교적인 이해관계보다 개도국 국민의 경제·사회 발전에 기여해야 한다. 이러한 관점이 반영된 지원 사례로서 경제규모 대비 ODA지원 비율이 높고 사회적 조합주의(Corporatism)와 참여 민주주의의 전통이 강한 북유럽 국가들을 언급할 수 있다. 이러한 시각은 냉전체제가 종식되고 ODA지원에서 전략적인 동기가 감소하면서 강조되었다.

셋째, 인도주의적 목적에서 개발협력은 개도국의 절대빈곤을 감소하는 것이며 원조는 세계 공동체로서 인간의 보편적인 가치실현과 도덕적인 의무의 일환으로 해석할 수 있다. 긴급구호의 형태를 통한 지원은 인도주의적 목적과 관련성이 있다. 최근 개도국에 영향을 끼치는 내전, 자연재해 등 다양한 영역에서 글로벌 과제가 발생하고 있으며 이러한 이유로 인도주의적인 목적이 반영된 원조가 주목받고 있다.

마지막으로 상업적인 목적은 공여국과 수원국 간의 관계에서 경제적인 동기가 중시되고 있다. 따라서 이러한 시각에서 공여국은 전략적인 자원확보, 수원국에 대한 민간자본 투자 및 수출시장 확대 등을 목적으로 개발협력을 지원하고 있다.

[표 1-1] 국제개발협력의 지원동기

구분	목적	대표사례(형태)
정치, 외교	공여국의 안보와 힘 추구, 정치적인 동기 중시	미국, 프랑스
개발	개도국 경제, 사회개발과 빈곤퇴치, 개도국 주민 삶의 질제고	북유럽 국가
인도주의	개도국의 빈곤감소, 세계 공동체로서 인간의 보편적인 가치실현, 도덕적인 의무의 일환	긴급구호
상업	전략적인 자원 확보, 민간자본 투자 및 수출시장 확대 등 경제적인 동기 중시	일본, 중국

출처: 한국국제협력단(2013)

5. 국제개발협력에 대한 시각

개발협력을 바라보는 시각으로 개발원조 옹호론, 비판론, 무용론을 언급할 수 있다.

제프리 삭스(Jeffrey D. Sachs)는 옹호론을 주장하는 대표적인 학자로서 경제성장 과정에서 해외 원조의 중요성을 주장하고 있다. 제프리 삭스에 의하면 거대 규모의 원조(Big Push)는 개도국 빈곤종말과 이륙(Take-off)을 위한 필수적인 요소이다. 원조의 성공기준은 목표가 구체적이며 측정가능하고 계산할 수 있으며 규모가 있어야 한다. 또한 원조는 세 가지 전환(Triple Transformation)을 지원해야 하는데 농업분야에서 녹색혁명을 촉진하여 기아의 악순환을 종식시키며, 보건 분야에서 영양을 개선하고 깨끗한 식수에 대한 접근과 보건서비스를 확충하며 교통과 연결망을 제공하여 경제적인 고립을 벗어나게 해야 한다.[12]

비판론을 주장하는 윌리엄 이스털리(William Easterly)는 제프리 삭스의 논의처럼 원조규모의 문제보다 운용방식에 대해 언급하고 있다. 따라서 통계상으로 원조를 많이 지원 받는 국가는 적게 받는 국가보다 이륙할 가능성이 낮다고 주장한다. 이는 권위주의 혹은 독재체제 정부에 대한 원조를 지원하는 경우, 부패로 인해 엘리트 집단에게 혜택이 돌아가게 되며 빈곤 계층에게는 기여하지 못한다고 설명하고 있다.[13] 따라서 공여국의 시각에서 개도국 정부나 사회를 바꾸려하기 보다는 이들 스스로가 발전할 수 있도록 지원하는 것이 필요하다고 설명한다.

담비사 모요(Dambisa Moyo)는 원조무용론을 주장하고 있다. 그녀의 대표적인 저서인 '죽은 원조(Dead Aid)'에서 모요는 개발원조가 수원국 국민의 자립의지를 희석하고 원조로 인해 수원국의 토착경제가 파괴되며 오히려 부정부패가 심화될 수 있다고 경고하고 있다. 이 책에 소개되어 있으며 널리 알려져 있는 에피소드를 통해 원조의 또 다른 결과를 생각해 볼 수 있다.

> "아프리카에 한 모기장 제조업자가 있다. 그는 일주일에 약 500개의 모기장을 만든다. 열 명의 직원들은 다른 아프리카 사람들처럼 각각 열다섯 명 이상의 친족들을 부양해야 한다. 그들은 아무리 열심히 일해도 말라리아를 옮기는 모기를 퇴치할 만큼

12 Andrew Heywood(2013), 『국제관계와 세계정치』, 김계동 옮김, 서울: 명인문화사, p. 385.

13 Ibid., pp. 385-386.

충분한 양의 모기장을 만들지 못한다. 그런데 여기서 목소리를 높여 대중을 단결시키고 고통 받는 지역에 100만 달러를 들여 10만개의 모기장을 보내라고 서구의 정부들을 압박하는 할리우드 스타가 개입한다. 결국 모기장이 도착해 사람들에게 배포된다. 그는 분명 '좋은'일을 했다. 그러나 외제 모기장이 시장에 흘러 넘치면서 아프리카 모기장 제조업자는 업계에서 즉각 퇴출된다. 그가 고용한 열 명의 직원들은 더 이상 150명의 딸린 식솔들을 부양할 수 없다."

이러한 에피소드를 통해 원조에 대한 다양한 시각을 고려할 수 있으며 개발협력의 올바른 방향이 무엇인가를 성찰할 수 있다.

따라서 다음과 같은 일련의 질문을 통해 진정한 원조가 무엇인가에 대해 생각해 볼 수 있다. 개도국의 시각과 입장에서 과연 어떠한 형태의 협력이 그들의 수요를 충족시킬 수 있는가?, 오늘날 개발협력은 수원국의 입장에서 지원되고 있는가?, 우리의 세금으로 지원되고 있는 개발협력은 과연 투명하고 공정하게 이루어지고 있는 것일까?, 우리가 수원국을 지원할 때 실제로 필요한 계층의 의견을 청취하고 있으며 이들은 과연 개발협력의 지원 과정에 실질적으로 참여하고 있는가?

6. 국제개발협력체제의 전환

오늘날 개발협력 체제는 변화하고 있다. 기존 체제에서 원조는 개도국의 경제, 사회발전을 목표로 선진국의 재원과 노하우를 투입, 이전하는 것이었다면 새로운 체제에서는 수원국의 지속가능한 역량개발과 빈곤에 대한 근본적인 해결에 초점을 두고 있다.

세계화가 진행되면서 국가 간 상호연계성이 강화되고 있으며 모든 국가들이 함께 해결해야 하는 글로벌 과제가 등장하고 있다. 이러한 국제사회의 변화에 따라 개발협력은 수원국 뿐 아니라 세계 모든 국가가 공동으로 대응해야 하는 글로벌 과제를 해결하기 위한 수단으로 활용되고 있다. 이러한 개발협력 개념의 변화는 새천년개발목표(Millenium Development Goals, MDGs)의 후속체제인 지속가능한 개발목표(Sustainable Development Goals, SDGs)에 반영되어 나타나고 있다. 따라서 MDGs의 목표가 수원국이 해결해야 하는 공통의 과제들로 구성되었다면 SDGs의 목표는 세계 모든 국가가 대응해야 하는 과제들이 중점적으로 부각되어 다루어지고 있다.

오늘날 개발협력의 지원과정에서 공여국의 시각을 통한 일방적인 원조보다 수원국의 수요와 관점을 우선적으로 반영하는 것에 대한 중요성이 강조되고 있으며 공여국의 경험과 노하우를 일방적으로 이전하는 지원의 형태보다 수원국에 이미 존재하는 역량을 확대하거나 강화하는 것을 우선하고 있다. 따라서 공여국이 주도권을 가지고 개발협력 사업을 설계, 집행하며 수원국이 이를 배우는 과거의 구도와는 다르게 공여국과 수원국은 동등한 협력 파트너로서의 역할이 강조되고 있다. 따라서 공여국과 수원국의 관계는 의존적이며 수직적인 성격의 남북협력(South-North Cooperation)이 아닌 수평적이며 상호협력적인 남남협력(South-South Cooperation)의 구도로 전환되고 있다.

이외에도 세계적인 경제위기로 인해 OECD DAC의 전통적인 공여국의 역할과 비중이 감소하고 있으며 신흥공여국(Emerging Donor), DAC 비

회원국(non-DAC Donor), 민간부문(Private Sector) 등 새로운 행위주체가 역할을 확대하고 있다. 따라서 DAC 공여국이 중심이었던 기존 체제는 변화하고 중국, 인도, 브라질, 러시아 등 신흥 경제국을 중심으로 하는 새로운 공여국 그룹이 등장하고 있으며 정부 중심의 행위자 외에도 시민사회, 민간기업과 같이 독립적이며 자율적인 행위주체의 역할이 확대되고 있다. 따라서 국제사회는 이러한 다각화된 행위주체 간의 조정과 포괄적인 협력체제의 구축을 통한 새로운 지원방식(Modality)에 대한 논의를 전개하고 있다. 이러한 변화와 관련하여 삼각협력(Triangular Cooperation) 혹은 삼자협력(Trilateral Cooperation), 민관협력(Public-Private Partnership), 다자협력(Multilateral Cooperation) 등을 활용한 혁신적인 지원방식이 논의되고 있으며 이러한 다각화된 행위주체 간 수평적이고 포괄적인 '글로벌 파트너십'의 구축이 강조되고 있다.

[표 1-2] 국제개발협력의 전통적인 패러다임과 새로운 패러다임의 비교

구분	개발목표	개발협력의 지원 방식	개발협력 행위자 간 관계
전통적인 패러다임	수원국의 경제, 사회적인 발전	선진국의 재원과 노하우를 개도국에 투입 또는 이전하여 수원국이 모방	공여국 중심적 시각으로 공여국과 수원국은 수직적인 관계, 공여국은 주도권을 가지고 사업을 설계, 경영, 집행하며 수원국은 선진국으로부터 받고 배우는 관계
새로운 패러다임	수원국의 지속가능한 역량개발과 빈곤에 대한 근본적인 해결, 글로벌 과제를 해결하기 위한 수단	수원국에 이미 존재하고 있는 역량을 확대, 강화	수원국의 필요와 수요 반영, 공여국과 수원국은 수평적인 관계, 수원국은 주인의식을 기반으로 공여국과 상호협력적인 관계 구축

출처: 한국국제협력단(2013)을 토대로 저자 재구성

CHAPTER

2

국제개발협력의 역사와 중남미

1. 국제개발협력의 역사 속에 중남미
2. 다양한 개발협력이슈
3. 새천년개발목표(MDGs)
4. 혁신적인 개발재원 조성과 원조효과성 제고
5. SDGs의 수립

2장

국제개발협력의 역사와 중남미

1. 국제개발협력의 역사 속에 중남미

국제개발협력의 기원은 식민체제가 종식되고 신생독립국가들이 생겨나던 1940-50년대로 볼 수 있다. 이처럼 개발협력의 기원은 국제체제에서 냉전 및 미국의 대외정책과 깊은 관련성이 있다. 1947년 미국의 서유럽에 대한 대규모 경제원조 계획인 마셜플랜(Marshall Plans)은 냉전 시대 공산주의의 확장을 막기 위한 미국 봉쇄정책(Containment Policy)의 구체적인 수단으로 볼 수 있다.[14]

미국은 2차 세계대전 이후 중남미에서 정치적 주도권을 확대하면서 중남미와의 군사, 정치적 동맹을 제도화하였다. 또한 중남미는 미국이 냉전

14 피터 H. 스미스(2010), 『라틴아메리카, 미국, 세계』, 이성형, 홍욱헌 옮김, 서울: 까치글방, p. 165.

동안 채택했던 봉쇄정책으로부터 자유로울 수 없었다.

1960년대 OECD 내 DAC이 창설되면서 개발협력을 위한 새로운 체제가 형성되었고 유엔세계식량계획(World Food Programme, WFP), 유엔개발계획(United Nations Development Programme, UNDP), 유엔산업개발기구(United Nations Industrial Development Organization, UNIDO) 등 UN 내에는 개발전담 기구들이 창설되었다. 당시 인프라 투자와 산업화를 통한 경제성장이 빈곤문제를 해결할 수 있다는 시각이 지배적이었으며 신생 독립국들은 빈곤으로 여전히 고통을 받고 있었고 선진국과의 경제적인 격차는 확대되었다. 이처럼 선진국과 개도국 간의 갈등상황에서 개도국들의 입장을 대변하고 불공정 무역을 바로잡기 위한 G77이 결성되었다.

이 시기 미국정책의 이론적 기반은 근대화 이론(Modernization Theory)이라고 할 수 있다. 선진국의 시각이 반영된 근대화 이론에 의하면 선진국의 발전과정과 동일하게 개도국들은 경제적 근대화를 통해 정치적인 민주화를 이룰 수 있다. 이는 선진국의 발전모델에 따라 '개도국'은 '선진국'으로 전환할 수 있다는 것을 의미한다. 이러한 근대화 이론이 반영된 사례로서 로스토(Walt Whitman Rostow)의 경제발전 단계이론을 언급할 수 있다. 경제발전 단계이론은 모든 국가들이 전통사회(traditional society), 도약을 위한 준비단계(pre-conditions for take-off), 도약(take-off), 성숙으로의 추동(drive to maturity), 대량소비(age of mass consumption)라는 5단계로 구성된 동일한 경제발전 과정을 거쳐 발전하게 된다. 이처럼 경제는 충분조건이 충족되면 이륙의 국면을 거쳐 자립적 성장과 지속적 발전단계로 이행할 수 있는데 외국 원조의 역할은 각 나라들이 이륙의 단계직전까지 도달하는 것을 도와주는 것이며 이것이 충족되

면 자체적인 발전이 가능하다.[15]

냉전당시 미국은 반공 이데올로기의 맥락에서 이러한 이론적인 기반을 통해 중남미의 저발전이 미국의 경제 원조를 통해 극복 가능하며 중남미에서 경제적 근대화가 이루어진다면 정치적인 민주화를 이룰 수 있는 가능성을 제기하면서 자본주의의 긍정적인 측면을 부각하였다.

쿠바 혁명이후 미국은 중남미에 대한 외교정책을 전면적으로 수정했으며 케네디 대통령에 의해 표방된 '동맹의 결성(Alliance for Progress)'을 기반으로 중남미에 대한 미국의 경제적 원조는 확대되었다. 따라서 진보동맹 10년간 중남미에 대한 미국의 원조는 223억 달러에 달했다.[16]

근대화 이론의 비판적인 입장에서 등장한 종속이론(Dependency Theory)은 중남미와 같은 개도국 저발전의 원인을 국제체제의 불합리성에서 설명하고 있다. 이러한 시각은 아르헨티나의 대표적인 경제학자 라울 프레비쉬(Raul Prebish)에 의해 주창되었다. 종속이론에 따르면 국제경제체제는 중심부(Core)와 주변부(Periphery)로 구분되어 있으며 주변부에 속하는 개도국들은 기술과 자본을 보유한 선진국과의 교역에서 항상 불이익을 볼 수밖에 없다. 따라서 개도국에게 선진국과의 무역은 결국 개도국들이 선진국에게 의존할 수밖에 없는 구조를 고착화한다.

이러한 이론적인 기반을 토대로 중남미 국가들은 내부지향적 발전 전략으로서 수입대체 산업화 정책(Import Substitution Industrialization, ISI)을 추진하였다. ISI는 정부주도로 기존에 외국으로부터 수입했던 상품을 국내에서 생산하는 상품으로 대체하여 내수시장을 기반으로 국내 산업을 육성하고 이를 통해 산업화를 이루겠다는 전략이다. 이러한 내부지향적

15 Ibid., p. 188.

16 Ibid., p. 196.

발전전략은 부존자원이 부족하고 내수시장의 규모가 작은 우리나라와 같은 국가들이 택한 외부 지향적 산업화 전략과는 차이를 보이고 있다.

1970년대 두 차례의 오일쇼크로 인해 세계는 경제위기 상황을 맞게 되었고 개도국의 빈곤상황은 악화되었으며 개도국과 선진국 간의 남북갈등은 심화되었다. 이 시기에는 앞서 언급한 인프라 중심의 경제성장 전략으로부터 인간의 기본적인 욕구(Basic Human Needs, BHNs)와 필요를 충족하기 위한 지원에 중점을 두는 개발전략으로 패러다임의 전환이 이루어졌다. 따라서 개발전략은 경제적인 측면의 성장보다는 충분한 음식, 안전한 식수, 주거, 위생, 보건, 교육 등 인간의 기본적인 욕구를 충족하기 위한 기반을 조성하는 것에 초점을 두게 되었다.

1980년대는 이전 시기의 주요한 경제 전략이었던 수입대체산업화(ISI)의 한계가 발생했으며 중남미 국가들은 '잃어버린 10년(Lost Decade)'이라는 외채위기를 맞게 되었다. 1982년 멕시코, 1983년 브라질 등 중남미의 주요 국가들은 모라토리엄을 선언했으며 이처럼 외채누적 현상이 심화되면서 국제통화기금(International Monetary Fund, IMF)과 세계은행(World Bank)이 주도하는 대규모 구조조정이 이루어졌다. 이러한 상황에서 주요 원조공여국들의 예산은 대폭 감축되었고 이에 따라 개발협력 역시 전반적으로 위축되었다.

1990년대 국제체제에서 일어난 가장 큰 변화는 냉전의 종식이다. 미국과 소련의 정치, 군사적인 대결국면이 종식되었고 군사적인 측면에서 미국은 초강대국으로 등장하였다. 한편 경제적인 측면에서 서유럽과 일본이 성장하였다. 이외에도 교통과 통신의 발달, '세계화 효과'로 인해 국가 간 상호의존과 연결성 효과가 나타나면서 국제관계에서 다양한 변화가 발생하게 되었다. 따라서 전통적으로 국제관계에서 주요한 행위주체였던 정부 뿐 아니라 다국적기업, 국제기구, NGO 등 비정부행위자의 역할이 확대되었다.

또한 냉전당시 주요한 이슈였던 정치와 안보문제에서 경제와 사회적인 문제가 부각되었다. 이외에도 기후변화, 환경, 식량위기, 금융위기와 같이 전 세계 국가들에게 상호영향을 미칠 수 있는 초국경적인 성격의 글로벌 과제에 대한 논의가 확대되었다.

특히, 1980년대 외채위기를 겪은 중남미 국가들의 경제부문에서 나타난 변화는 워싱턴 컨센서스(Washington Consensus)로 일컬어지는 신자유주의 경제개혁 프로그램의 도입이다. 따라서 경제부문에서 정부의 역할 축소, 민영화, 구조조정, 무역자유화에 따라 중남미의 전반적인 체제에는 큰 변화가 나타나게 되었다. 이 시기 미국은 멕시코와 북미자유무역협정(North American Free Trade Agreement, NAFTA)을 창설하기 위한 논의를 시작했으며 이것은 이념적인 논쟁으로 확대되어 멕시코에서 계층, 인종, 지역 간의 정치, 경제, 사회적인 갈등을 야기하였다. 또한 고용주의 권한 강화, 새로운 고용체계 및 임금제도의 도입, 노동시장의 유연화와 더불어 비공식 부문에서 고용의 기회가 증가했으며 중남미에서는 새로운 형태의 사회적인 소외계층이 형성되었다.

2. 다양한 개발협력이슈

개발전략 패러다임의 전환과 더불어 빈곤의 다면성을 중시하는 다양한 개발관련 의제들이 등장했으며 이에 따라 국제개발협력 이슈는 확대되었다. 1990년 UNDP는 인간안보(Human Security)의 개념을 제시했는데 이는 안보의 궁극적 대상이 인간이며 인간중심의 사회개발을 강조하고 있다.

1992년 브라질 리우데자네이루에서 개최된 UN 환경개발회의에서는 지속가능한 개발(Sustainable Development)과 환경보전을 위한 논의가 이루어졌다. 이외에도 개발에서 젠더(Gender)의 관점이 적극적으로 고려되면서 정치, 사회적인 결정에 있어서 여성의 참여와 여성 역량 개발의 중요성이 강조되었다.

1996년 DAC는 "21세기를 구상하며: 개발협력의 공헌(Shaping the 21st Century: Contribution of Development Cooperation)"이라는 개발협력전략을 발표했으며 여기에서는 사회개발, 경제적 풍요, 환경의 지속가능성을 주요한 전략으로 설정하고 수원국의 주인의식(Ownership), 공여국과의 파트너십, 공여국 간 원조일치(Alignment) 등의 원칙을 강조하였다.[17] 한편, 세계은행은 1996년 빈곤감소전략보고서(Poverty Reduction Strategy Papers, PRSP)를 발표하면서 수원국에 기반을 둔 개발전략을 강조했으며 이러한 전략은 개도국 정부와 공공부문의 빈곤감소를 위한 정책순위와 예산 등의 결정에 영향을 미치게 되었다.[18]

1990년대 세계적인 경기침체와 선진국의 원조에 대한 효과를 의심하는 상황에서 공여국의 '원조피로(Aid Fatigue)' 현상이 대두되었으며 이러한 흐름은 ODA의 전반적인 위축으로 이어졌다. 따라서 이 시기 공적개발 재원 이외에 민간재원의 도입과 확대방안에 대한 필요성이 대두되었다.

---

17 손혁상(2014), "국제개발협력의 역사와 주요담론", 『국제개발협력 첫걸음』, 성남: 한국국제협력단, pp. 154-155.

18 Ibid., p. 156.

3. 새천년개발목표(MDGs)

2000년대는 국제개발협력의 역사에서 새로운 전기를 마련한 시기였다. 2000년 UN은 제55차 정기총회에서 189개국의 정상이 모인 가운데 밀레니엄 선언을 채택하고 2015년까지 구체적인 실행목표를 담은 새천년개발목표(MDGs)를 발표하였다.

UN MDGs는 1. 절대빈곤과 기아퇴치(Eradicate Extreme Poverty), 2. 보편적 초등교육 달성(Achieve Universal Primary Education), 3. 성평등 및 여성의 역량강화(Promote Gender Equality and Empower Women), 4. 아동사망률 감소(Reduce Child Mortality), 5. 모자보건 향상(Improve Maternal Health), 6. HIV/AIDS, 말라리아 및 기타 각종 질병퇴치(Combat HIV/AIDS, Malaria and other Diseases), 7. 지속가능한 환경보전(Ensure Environmental Sustainability), 8. 개발을 위한 범지구적인 파트너십 구축(Global Partnership for Development) 등 8개 목표와 그 외 21개의 세부목표를 제시하고 있다.

MDGs는 경제성장에 초점을 맞추었던 기존의 국제개발협력의 패러다임을 인간 중심과 사회발전 중심으로 이행하는 계기를 마련하였다. 또한 MDGs의 수립에는 세계 각국과 다양한 주체들이 참여했으며 이들 간 정치적 합의를 토대로 개발목표를 가시화할 수 있는 지표를 설정하고 개별 국가 또는 국제적인 단위에서 개발협력의 결과를 평가할 수 있는 체계를 구축했다는 의의가 있다.

[그림 2-1] MDGs의 8대 목표

출처: http://www.youthaward.org/united-nations-millennium-development-goals

그러나 MDGs의 합의 과정은 학계, 시민사회 등 다양한 이해관계자의 참여가 부족했으며 유엔사무국을 중심으로 이루어졌다. 또한 8대 목표는 개도국의 개별적인 개발문제와 특성, 지역 간 불균형 상황 등을 충분히 반영하지 못했으며 포괄적이고 지나치게 단순한 성격의 목표로 구성되어 있다는 비판도 있다. 이외에도 사회개발 부분에 치중되어 있으며 공여국의 시각이 주로 반영되어 있고 세계적 차원에서 다루어지는 글로벌 이슈, 경제, 사회, 환경적 목표와의 연결성이 부족하다는 측면에서 내재적으로 불균형하다는 평가를 받았다. 마지막으로 목표 8의 "개발을 위한 범지구적인 파트너십 구축(Global Partnership for Development)"을 제외하고 공여국의 책임에 대해 구체적으로 명시되어 있지 않다.

세계적인 경제, 금융위기에도 불구하고 국제사회는 2015년까지 다양한 부문의 지표에서 목표를 달성하였다. 전 세계에서 절대 빈곤층의 규모가 절반으로 감소했으며 특히 초등교육과 보건 분야에서 괄목할 만한 성과를 거둔 것으로 평가되고 있다. 또한 안전한 물 사용 인구비율, 문해율, 평균수명, 식량생산과 소비 등에서 긍정적인 성과를 달성하였다.[19]

다음은 UN MDGs보고서의 내용을 토대로 세계수준과 중남미 지역을 중심으로 달성한 각각의 목표별 성과내용을 간략하게 기술하였다.

목표 1: 절대빈곤과 기아퇴치

국제사회는 하루 1.25달러 이하의 소득으로 생활하는 절대 빈곤층 비율의 절반 감소라는 개발목표를 이미 2010년에 달성하였다. 이처럼 전 세계적 수준에서 절대 빈곤층의 비율은 1990년 36%였으나 2011년 15%, 2015년 12%로 감소하였다. 2011년 아프리카 대륙을 제외한 모든 개도국에서 절대빈곤층의 비율은 절반으로 감소하였다. 그러나 2015년 기준 사하라 이남 아프리카 인구의 40%는 절대빈곤의 상황에 처해 있다는 사실을 인식할 필요가 있다.

중남미 국가의 절대빈곤 비율은 1990년 13%에서 2011년 5%, 2015년 4%로 감소했으며 소득분배에 있어서 개선이 이루어졌다. 이는 중남미 국

19 MDGs의 개선상황과 관련하여 참조하였다. UN(2015), *Objetivos de Desarrollo del Milenio, Informe de 2015*, New York: UN 참조.

가의 안정적인 경제성장과 공공부문의 지출증가로 인해 나타난 결과이다. 또한 멕시코, 엘살바도르, 도미니카 공화국 등에 유입된 송금의 증가로 인해 임금격차는 완화되었다. 이러한 절대빈곤과 소득불균형에서 전반적인 감소현상이 나타났으나 국가, 지역 내 차이가 발생하고 있으며 특히 취약계층으로 고려되고 있는 여성빈곤 문제가 심각하다. 중남미에서 여성은 임금노동에서 불평등한 상황에 있으며 그 외 사회적 보호, 토지, 재산 등에 대한 접근성이 제한되고 있다. 특히, 빈곤은 가구의 차원에서 조사되고 있어 개별적인 여성빈곤에 대한 파악이 제대로 이루어지고 있지 않다.

이외에도 도시와 농촌, 인종에 따라 격차를 보이고 있는데 여성 이외에 취약계층으로 고려할 수 있는 아동, 원주민, 아프리카계 인종, 농촌지역 거주민의 빈곤감소를 위한 노력이 필요하다.

카리브 국가의 경우 정보부족과 빈곤 측정법의 다양성으로 인해 개선의 정도를 정확히 파악하는데 어려움이 있다.

목표1에는 '여성과 청년층을 포함한 모든 사람의 완전하고 생산적인 고용과 품위 있는 일자리 달성(Achieve full and productive employment and decent work for all, including women and young People)'이라는 고용과 관련된 지표가 있다. 이는 양질의 일자리 창출이 빈곤과 불평등을 극복하는 가장 효과적인 수단으로 인식되고 있기 때문이다.

세계의 대부분 국가가 전반적으로 낮은 성장추세를 유지함에 따라 더 이상의 일자리는 늘어나지 않고 있으며 고용인구가 감소하고 있다. 국제노동기구(International Labor Organization, ILO)에 의하면, 2015년 2억 4백만명이 실업상황에 처해 있었으나 사하라이남 아프리카는 고용상황에서 개선되었다. 다만, 세계적으로 청년 실업률이 높아지고 있으며 청년들은 교육에 더 많은 시간을 소요하고 있다. 또한 개도국에서 노동시장의 낮은 생산성과 불완전 고용은 현안과제 중 하나이다.

중남미는 절대빈곤 노동자의 비율이 1991년 8%에서 2015년 2%로 감소하였다. 고용율 부문에서도 개선된 상황을 보이고 있으나 노동자 중 절반 정도는 생산성이 낮은 농업부문과 도시의 비공식 부문에 종사하고 있다. 향후 취약계층인 여성과 청년층을 위한 질 높은 직업 창출 부문에 중점을 두는 것이 필요하다.

1990년대 이래 개도국에서 불충분한 영양 상태와 기아에 시달리는 인구 비율은 절반정도 감소하였다. 즉, 1990년 불충분한 영양 상태였던 인구 비율은 36%였으나 2011년 15%, 2015년 12%로 감소하였다. 또한 기아에 시달렸던 인구비율도 1990-1992년 23.3%에서 2014-2016년 12.9%로 감소하였다. 이처럼 세계적인 수준에서 이러한 지표상황은 개선되었으나 지역(농촌과 도시), 젠더, 인종에 따라 여전히 격차가 발생하고 있기 때문에 2015년 이후에도 중심적인 과제로 고려되고 있다.

목표 2: 보편적인 초등교육 달성

국제사회는 보편적인 초등교육 달성에서 진전을 이루었다. 따라서 2000년 개도국의 초등교육 등록비율은 83%였으나 2015년 91%에 도달하였다. 또한 15세에서 24세 사이 청소년 문해율은 1990년 83%에서 2015년 91%로 증가하였다. 다만 사하라 이남 아프리카는 1990년 초등교육 접근비율이 52%에서 2012년 78%로 개선되었으나 초등교육을 받아야 하는 인구수가 빠르게 증가하면서 다른 지역과 비교할 때 개선의 정도가 빠르지 않은 편이다.

초등교육의 접근성 문제는 가정의 빈곤상황, 젠더상황, 내전과 군사적인 충돌로 인한 분쟁여부, 지역(농촌과 도시), 장애, 자연재해 등과 관련성이 높다.

저소득 및 중간소득 국가의 14세에서 16세 청소년 중 초등교육 과정을 이수한 비율은 1990년 70%에서 2008년 81%, 2015년 84%로 증가했으나 이러한 통계를 통해 아직까지 6명 중 1명 비율로 초등교육을 이수하지 못하고 있다는 사실을 파악할 수 있다. 이러한 국제사회의 지속적인 지원에도 불구하고 개도국의 미비한 교원양성 체계로 인해 교육의 질 문제가 대두되고 있으며 근본적으로 교육의 질 제고를 위해 개도국 교사의 역량강화를 위한 지원의 필요성이 언급되고 있다. 이러한 교육의 질 문제 이외에도 아동노동과 분쟁 및 취약지역의 아동 교육문제에 대한 관심이 필요하다.

중남미는 1990년 초등교육 등록비율이 87%였으나 2015년 94%로 증가하면서 괄목할만한 발전을 이루었다. 다만, 도미니카 연방(73%), 안티구아바부다(74%), 도미니카 공화국(82%), 자메이카(86%) 등 카리브 지역의 국가들은 평균보다 낮은 수준을 보이고 있다.

향후 중남미에서는 극빈층, 농촌지역 거주민, 원주민, 아프리카계 주민과 같은 취약계층의 교육 접근성에 중점을 둘 필요가 있으며 이외에도 교육의 질제고, 중등교육에 대한 접근성, 중도탈락 비율에서 개선이 필요하다.

목표 3: 성평등 달성

1990년대 이래 문맹률에서 여성과 남성 간 격차는 감소하고 있다. 2015년 15-24세 남성의 문해율은 93%, 여성은 90%에 이르고 있다. 이처럼 보편적인 초등교육에서 목표를 달성했으며 전체 개도국의 2/3은 초등교육에서 성별격차를 해소하였다. 향후 중등교육 접근에 대한 성별 격차를 개선하고 취약한 여아의 상황 개선에 중점적인 지원이 필요하다.

남성의 3/4과 절반 정도의 여성은 노동시장에 참여하고 있다. 즉, 노동시장에서 여성의 고용 비율은 1990년부터 2008년까지 41%에서 53%로 증가하였다. 특히, 비농업분야의 유급노동에 종사하는 여성의 비율은 1990년 35%에서 2015년 41%로 증가하였다. 그러나 여성은 여전히 비공식 부문에서 고용율이 높고 여성과 남성 간 발생하고 있는 임금격차가 지속되고 있으며 고용의 질 문제가 대두되고 있다.

1995년 베이징 행동강령의 채택이후 의회에 진출한 여성의 비율은 11%에서 2015년 22%로 증가하였다. 이처럼 정치적인 영역에서 여성의 진출과 정책결정 과정에서 여성의 참여는 확대되고 있다.

중남미는 초등교육 부문에서 성별 격차를 해소하였다. 비농업분야에서 유급노동의 여성종사자 비율은 1990년 38%, 2010년 42%, 2015년 45%로 꾸준히 증가하고 있다. 특히, 여성할당제로 인해 의회에 진출한 여성의 비율은 2000년 15%에서 2015년 27%로 증가하였다.

MDGs에는 성차별을 야기하는 구조적 원인 자체를 다루고 있지 않으며 성평등과 여성역량 강화의 목표를 달성하기 위한 세부 목표와 지표가 제외되어 있다는 한계가 지적되었다. 개도국에서 농업과 경제활동의 절반 이상 비중을 차지하고 있는 여성들에게 기본적인 재산소유권, 자원접근권, 재정 지원 및 금융제도 접근권이 보장되고 있지 않다. 또한 성차별은 남성과 여성간의 불평등 뿐 아니라, 다양한 계층, 소득, 지역, 인종 등에 영향을 줌으로써 다층적인 성격의 불평등을 야기 할 수 있다.

따라서 일반적으로 개도국에서 차별을 받고 있는 여성과 여아의 완전한 참여, 자원에 대한 접근성과 권리를 보장할 수 있는 사회구조와 관련된 제도적인 개혁이 필요하다.

목표 4: 아동사망률 감소

세계적으로 5세 미만 아동사망률은 1990년 1,000명당 90명에서 2015년 43명으로 감소하였다. 사하라이남 아프리카의 경우 5세 미만 아동사망률은 1990년 1,000명당 179명에서 2015년 86명으로 낮아졌으나 빠른 개선이 필요한 지역이다. 대부분 아동사망은 폐렴, 설사, 말라리아 등 예방 가능한 질병으로 인해 발생하고 있다. 한편, 5세 미만 아동사망률은 거주 지역(도시와 농촌), 어머니의 교육정도와 관련성이 높은 것으로 분석되고 있다. 5세미만 아동사망률에서 높은 비중을 차지하는 신생아 사망률은 1990년부터 2015년 1,000명당 33명에서 19명으로 감소하였다. 신생아 사망의 원인은 조산 시 합병증(35%), 분만 시 합병증(24%), 패혈증(15%) 순이었다. 신생아 사망은 출산이전과 이후의 종합적인 관리를 통해 개선될 수 있으나 이러한 관리를 제대로 받지 못하는 산모와 신생아가 개도국에서는 아직까지 높은 비율을 차지하고 있다. 따라서 신생아 사망률을 포함하여 5세미만 아동사망률을 감소하는 것은 향후 과제 중 하나이다.

중남미는 5세 미만 아동사망률이 1990년 54명에서 2015년 17명으로 감소하면서 동아시아에 이어 개도국 중 가장 낮은 사망률을 나타내는 지역이다. 아동사망률은 기초보건 시스템에 대한 접근성 및 아동의 영양 상태와 관련된 지표이다. 이처럼 중남미에서 식수와 기초위생서비스 및 교육수준이 확대되면서 아동사망률과 관련된 지표가 개선되었다. 다만, 중남미는 국가별 개선의 정도에서 큰 차이를 나타내고 있는데 실례로 쿠바, 칠레는 낮은 사망률을 보이고 있으나 아이티, 볼리비아, 파라과이 등은 상대적으로 높은 사망률을 나타내고 있다.

목표 5: 모성사망률 감소

세계적으로 모성사망률은 1990년 15-49세 여성 십만명당 380명에서 2000년 330명, 2013년 210명으로 감소하였다. 이처럼 1990년대 이래 모성사망률은 대략 절반정도가 감소한 것으로 나타나고 있다.

모성사망률에서 공공보건 서비스에 대한 접근성과 질, 생활여건, 임산부의 연령, 출산전후 관리, 숙련된 보건 인력에 의한 출산 등은 중요한 요인이 되고 있다.

실례로 1990년 숙련된 보건 인력에 의한 출산은 59%였으나 2014년 71%로 증가하였다. 또한 개도국의 농촌지역에서 숙련된 보건인력에 의한 출산 비율은 56%였으나 도시지역은 87%에 달하였다. 이외에도 개도국에서 임산부의 절반정도는 권고 횟수인 산전 4회의 검진을 받았다.

2000년에 이르러 모성사망의 절반정도는 그 원인을 파악할 수 있는 것으로 분석되고 있다. 즉, 임신 중 감염, 고혈압, 출산합병증, 안전하지 않은 낙태 등이 사망의 주요 요인이 되고 있으나 이는 산전과 산후관리를 통해 개선할 수 있는 것으로 분석되고 있다.

모성사망률 통계의 경우에도 국가에 따라 많은 오류가 발생하고 있는데 이는 사망의 원인을 잘 알지 못하거나 제대로 분류되지 않아 통계상 오류가 발생하고 있기 때문이다. 따라서 효과적인 관련 정책을 수립하기 위하여 통계의 방법론적 측면을 개선할 필요성이 언급되고 있다.

중남미에서 모성사망률은 1990년 130명, 2000년 98명, 2013년 77명으로 감소하였다.

중남미에는 숙련 인력에 의한 출산비율이 높아지고 있으나 국가별 차이를 보이고 있는데, 아르헨티나, 칠레, 코스타리카, 쿠바, 우루과이는 낮은 비율을 보이고 있으나 아이티는 높은 사망률을 나타내고 있다.

한편, 중남미의 현안 과제는 15-19세 사이 10대 여성의 임신율을 낮추는 것이다. 청소년기 산모는 사회, 경제적으로 취약계층에 속해 있으며 교육수준과 상관관계가 나타나는 것으로 분석되고 있다. 이들은 사회적 기회에 대한 접근성, 교육과정의 이수 가능성, 학업성취도, 노동시장에서의 지위 등에서 불리한 상황에 처해질 수 있으며 이는 향후 빈곤계층으로 살아가야 할 가능성을 높여준다. 또한 이러한 상황이 자녀에게 대물림됨으로써 세대 간 만성적인 빈곤의 주요한 원인으로 고려되고 있다.

목표 6: HIV/AIDS 등 질병퇴치

전 세계적으로 HIV 발생률은 감소추세에 있으며 새로운 HIV감염은 2000년에서 2013년간 40% 감소하였다. 이러한 감소의 원인 중 치료제의 보편적 보급을 언급할 수 있으며 실제로 2003년 HIV에 감염된 환자 80

만 명이 항레트로 바이러스 치료를 받을 수 있었으나 2014년 1,360만 명이 이러한 치료를 받을 수 있었다. 현재 가장 심각한 지역은 사하라 이남 아프리카와 카리브 제도이다. 아직까지 개도국에서 HIV/AIDS에 대한 지식과 이해의 수준이 낮은 만큼 이에 대한 교육과 항레트로 바이러스 치료의 기회를 확대하는 것이 필요하다.

이외에도 말라리아에 의한 사망이 감소했으며 결핵에 대한 예방, 진단, 치료 역시 사망률 감소에 영향을 끼치고 있다.

보건 분야는 지속가능한 발전을 달성하기 위한 필수적인 분야이며, 전 세계적으로 에볼라, 지카 바이러스 등 질병으로 인한 피해가 확대되면서 글로벌 과제로서 중요성이 확대되고 있다.

중남미는 새로운 HIV감염자가 2000년 9만 6천명에서 2013년 9만4천명으로 감소했으나 여성, 청소년, 원주민 등 취약계층의 감염비율은 개선되지 않았다.

오늘날 중남미에서 항레트로 바이러스 치료에 대한 접근성이 높아지면서 치료율이 증가하는 추세를 보이고 있으나 특히 청소년을 대상으로 생식보건과 관련된 포괄적인 교육 프로그램을 확대할 필요가 있다.

목표 7: 지속가능한 환경보호

1990년과 비교할 때 온실가스 배출량은 50% 증가했으며 오존층 파괴 상황은 심화되었다. 또한 산림벌채로 인한 산림의 황폐화는 기후변화에 영향을 끼치고 있다. 기후변화는 생태계와 생물의 서식지에 영향을 끼치며 특히 개도국의 주요 산업인 농업에 부정적인 영향을 끼치고 있다. 이처럼 기후변화는 생태계 교란과 식량안보 문제를 야기할 수 있으며 이는 사회적인 위험으로 연결될 수 있다.

2015년 유엔의 파리기후변화 회의(United Nations Climate Change Conference)에서는 교토의정서 체제 이후 온실가스 감축 관련 사항을 다루었으며 모든 국가를 대상으로 감축의 의무를 규정하고 있다.

이외에도 해양 어류에 대한 과도한 착취가 지속되고 있으며 이는 어업분야에서의 생산성 감소 뿐 아니라 생태계의 교란과 생물의 다양성을 파괴하는 요인이 되고 있다.

세계적으로 식수 접근성은 1990년 76%에서 2015년 91%로 증가하였다. 2010년 식수 접근성의 목표를 이미 달성했으나 2015년 6억6천3백만 명은 아직까지 개선된 식수를 사용할 수 없으며 특히 사하라이남 아프리카의 절반정도 인구는 개선된 식수에 접근하지 못하고 있다.

한편, 2000년에서 2014년 도시 거주민 중 빈민지역에 거주하는 주민의 비율은 39.4%에서 29.7%로 감소했으나 최근 개도국의 도시화로 인해 도시의 거주자가 증가하면서 빈민지역의 거주자는 지속적으로 증가하고 있으며 이에 따라 개도국의 토지와 주거에 대한 적절한 정책을 수립할 필요성이 제기되고 있다.

중남미는 풍부한 환경자원을 보유하고 있으며 생물의 다양성의 측면에서 중요한 지역이다. 중남미에서 환경과 관련된 법과 제도는 구축되어 있으나 실제 정부와 관련기관의 집행과정에서의 개선이 필요하다.

이처럼 중남미 국가들은 환경과 지속가능한 발전에 대한 개념을 이해하고 있으나 이를 국가의 개발 정책에 통합시키지 못하고 있으며 여전히 개발의 과정에서 다양한 환경문제가 발생하고 있다. 따라서 1990년에서 2005년까지 5천 9백만 헥타르에 해당되는 산림지역이 파괴되었고 1990년대 이래 CO2의 배출량은 지속적으로 증가하고 있다. 또한 수산 양식업의 확대로 인해 서식지 변화와 수자원 오염이 증가하고 있다.

따라서 정부의 정책결정과 집행 사이의 일관성과 조정을 위한 제도적인 체제가 개선될 필요가 있으며 정책결정자들은 환경자원의 경제, 사회적 중요성에 대해 인식하고 환경보전과 개발을 통합할 수 있는 지속가능한 모델을 구축할 필요가 있다.

목표 8: 글로벌 파트너십 구축

글로벌 금융위기 이후 전 세계 ODA 지원은 위축되었으나 절대적인 규모로 볼 때 전반적으로 증가추세를 보여 왔다. 오늘날 개발협력의 개념이 변화하고 있으며 DAC의 전통적인 공여국 외 신흥공여국 등 공여주체가 다각화되면서 국제사회는 향후 SDGs를 달성하기 위한 재원조달 방안을 모색하고 있다.

1990년대 이후 공여국들의 저소득국에 대한 지원은 증가 추세를 보이고 있으나 대부분 중소득국(MICs)으로서 구성된 중남미 지역에 대한 ODA지원은 점차적으로 감소하고 있다. 이처럼 2000년대 이후 중남미 국가들의 경제, 사회적 지표가 개선됨에 따라 수원국으로서 역할이 감소하고 있다. 그러나 중남미는 동일한 중소득국 그룹 내에서 국가별 소득과 빈곤율에서 큰 격차를 보이고 있으며 특히, 평균적인 소득이 높은 국가의 경우에도 지역 내 인종과 계층에 따라 다양한 상황에 처해 있다.

한편, 중남미 지역은 정보통신기술(Information & Communication Technology, ICT)분야에서 커다란 발전을 이루었으며 유무선 전화서비스와 인터넷 사용자 수가 증가했으나 다른 지표와 동일하게 국가와 지역 내 격차에 대해 고려할 필요가 있다.

이와 같이 중남미 지역은 MDGs의 주요 지표에서 목표를 달성하였다. 따라서 초등교육 이수율, 초등교육에서 양성평등, 안전한 식수접근, 인터넷 사용비율 등에서 이미 목표를 달성하였다. 이러한 사회지표의 개선은 2000년대 이후 중남미 지역 각국 정부의 사회비용 지출의 증가와 관련성이 있다. 다만, 앞에서도 언급했던 것처럼 중남미 지역은 거시적인 환경을 개선하기 위한 지원보다는 취약계층, 인종, 지역에 대해 고려하고 이를 중점적으로 지원하는 것이 필요하다.

4. 혁신적인 개발재원 조성과 원조효과성 제고

국제사회는 2002년 혁신적인 개발재원(Financing Development)에 대해 논의하면서 멕시코 몬테레이에서 제1차 개발재원총회(International Conference on Financing for Development)를 개최하였다. 이를 계기로 선진국은 국민총생산(GNP)의 0.7%를 ODA로 지출하는 방안, 국내 재원의 동원, 민간투자와 무역촉진, 재무탕감 등 혁신적인 개발재원 확보방안을 제시하는 몬테레이 합의문(Monterrey Consensus)에 동의하였다. 또한 금융 메커니즘과 민간부문의 참여를 강조하면서 민관협력(Public

Private Partnership, PPP)의 중요성이 부각되었다.[20] 이처럼 2000년대 국제개발협력에서 개발재원을 확보하기 위한 노력이 전개되었고 민간부문의 역할과 기능은 강조되었다.

최근 SDGs의 달성을 위해 필요한 재원의 규모가 부족하다는 인식이 확산되면서 ODA이외의 재원을 동원할 필요성과 다양한 개발재원의 형태를 모색하기 위한 노력이 진행되고 있다. 또한 ODA는 민간재원을 동원하기 위한 촉매제로서의 역할이 강조되면서 공적재원과 민간재원의 혼합 형태인 혼합금융(Blended Finance)과 임펙트 투자(Impact Investment)와 같은 혁신적인 개발재원이 주목받고 있다.[21]

국제사회는 2000년대 중반부터 지난 50년 동안 이루어진 개발협력이 얼마나 효과적으로 이행되었는가를 평가하는데 초점을 두었다. 이와 관련하여 2005년 3월 프랑스 파리에서 열린 원조효과성(Aid Effectiveness)에 대한 제2차 원조효과성 고위급 포럼에서 '파리선언(Paris Declaration)'이 채택되었다. 이 선언에서 수원국의 주인의식(Ownership), 수원국 개발전략과 공여국간의 원조일치(Alignment), 공여국간의 원조조화(Harmonization), 성과지향적 관리(Managing for Results), 상호책임성 강화(Mutual Accountability) 등 5가지 원칙이 제시되었다.

수원국의 주인의식은 자국의 개발정책과 전략의 수립과정에서 수원국이 주도적인 역할을 이행해야 한다는 것을 의미한다. 원조일치는 공여국이 수원국의 국가개발전략, 집행절차 등에 부합하는 지원을 해야 한다는 것을

---

20 손혁상, op. cit., p. 159.

21 정상희 외(2017), 『대구경북지역의 ODA사업 활성화 방안 연구』, 대구: 대구국제개발협력센터, pp. 37-38. 혼합금융은 공적재원이 민간재원과 혼합되어 개도국에 유입되는 것으로 정부기관과 상업 금융기관이 개도국 내 위험부담과 개발성과를 함께 공유하는 새로운 형태의 재원조성 방법을 일컫는다. 임팩트 투자는 사회가치(개발효과)와 재무가치(금융효과)를 혼합한 재원의 형태를 지칭한다.

의미한다. 즉, 공여국은 개도국의 개발전략에 일치할 수 있도록 원조전략을 조정하고 수원국의 시스템을 활용할 필요가 있다. 원조조화는 수원국 내에서 공여국 간 중복지원을 피하기 위해 상호협력을 통해 원조활동을 조정하는 것에 대한 중요성을 의미한다. 성과지향적 관리란 합의된 개발목표에 따라 성과를 획득하기 위해 프로그램을 관리하며 투명한 원조체계와 평가체계를 구축하는 것을 의미한다. 마지막으로 상호책임성이란 개도국과 공여국간의 공동책임의 원칙을 언급하고 있으며 개발성과에 대한 양측의 상호 책무성을 강조한다.

2008년 가나 아크라에서 개최된 제3차 고위급 포럼에서는 32개 조항으로 구성된 아크라행동계획(Accra Agenda for Action, AAA)을 채택했으며 여기에서는 파리선언의 이행상황을 점검하고 원조의 효과적인 이행을 위한 시민사회의 역할, 남남협력, 삼각협력의 효과성, 분쟁 및 취약국 지원에 대한 논의가 이루어졌다.[22]

2011년 제4차 고위급포럼은 우리나라 부산에서 개최되었으며 이 회의에서는 공여국, 수원국, 민간기업 등 다양한 이해관계자를 포괄하는 '포괄적인 파트너십'의 구축, '지속가능한 성장'과 '민간부문과의 협력'의 원칙이 강조되었다. 또한 '원조효과성(Aid Effectiveness)' 대신 '효과적 개발협력(Effective Development Cooperation)'의 용어가 사용되면서 효과적 개발협력에 대한 새로운 개념을 정립하였다. 이외에도 포괄적 성장(Inclusive Growth)을 목표로 하여 원조를 넘어서 공여국, 개도국, 다자기구, 시민사회, 민간 부문과 같은 모든 개발협력 주체의 협력과 참여의 기회를 확대하였다.[23]

---

22 한국국제협력단(2013), op. cit., p. 89.

23 Ibid., pp. 94-100.

[표 2-1] 파리선언의 5대 핵심원칙

핵심원칙	내용
주인의식 (Ownership)	빈곤감소를 위한 개도국의 자체적인 개발전략 수립, 개도국이 자국의 개발방향과 개발 우선순위가 제시된 개발전략의 기획, 리더십 행사
원조일치 (Alignment)	공여국이 수원국의 국가개발전략, 참여기관, 집행절차와 부합하는 원조지원
원조조화 (Harmonization)	수원국 내에서 중복지원을 피하기 위해 공여국간의 상호조정, 상호협력 강화
성과지향적 관리 (Managing for Results)	성과를 중심으로 원조재원 관리, 투명성 제고, 효과적인 의사결정 체계수립
상호책임성 (Mutual Accountability)	개발의 성과에 대한 공여국과 수원국의 공동책임, 개발재원의 활용에서 상호 책무성 및 투명성 확립

출처: 한국국제협력단(2013)

[표 2-2] 아크라 행동계획의 핵심원칙

핵심원칙	내용
주인의식(Ownership)	개발에 관한 국가차원의 정책대화 확대, 개발과정에서 수원국의 주도적인 역할, 수원국의 시스템 활용
효과적이고 포괄적인 파트너십 구축 (Inclusive Partnership)	개발의 파트너로서 OECD DAC회원국, 개발도상국, 여타 공여국, 개발을 위한 민간펀드 및 시민사회 등이 개발과정에 적극적인 참여
성과의 공개와 책임성(Delivering Results)	실질적이고 측정 가능한 원조에 중점, 성과공개, 대중에 대한 성과 책임성 및 투명성 강화

출처: 한국국제협력단(2012)

[표 2-3] 부산 파트너십 4대 공동원칙과 그에 따른 행동방안

공동원칙	행동방안
개발 우선과제에 대한 개도국의 주인의식	개발정책 및 절차의 민주적 주인의식 심화, 확대, 운용

성과중심	성과중심 관리, 모니터링, 평가, 커뮤니케이션 개선과 지원규모의 확대, 국가 역량강화, 다양한 개발성과와 관련된 재원과 이니셔티브의 활용과 같은 구체적이며 지속가능한 결과를 위한 노력 강화
포괄적인 개발 파트너십	남남협력 및 삼각협력을 위한 노력 확대
투명성 및 상호책무성	개도국의 다양한 개발재원 활용 및 개발협력 활동의 촉매적 역할 확보

출처: 임소진(2012)

5. SDGs의 수립

새천년개발목표(MDGs)의 성과와 한계를 토대로 작성된 지속가능한 개발목표(Sustainable Development Goals, SDGs)는 국제환경의 변화양상을 반영하고 있다. 특히 세계화로 인해 국가 간 상호연결성과 의존성이 강화되고 있다. 따라서 개도국의 과제는 개도국 자체의 내부적 문제 뿐 아니라 세계의 금융시스템 및 선진국의 국내정책과 연계되어 있으며 기후변화, 인구증가, 도시화, 식량 및 에너지 위기 등 글로벌 과제가 대두되면서 개발협력은 국제사회에서 상호연계성의 맥락에서 해결해야 할 구조적인 측면의 과제를 해결하기 위한 수단으로 대두되고 있다. 따라서 SDGs는 수원국의 공통적인 개발과제로 구성되어 있는 MDGs와는 달리 전 세계 모든 국가의 과제가 목표로 구성되어 있다.

이상과 같이 국제사회는 MDGs 체제에서 제한되었던 시각으로부터 탈피하여 다차원적 관점에서 '지속가능한 발전'의 개념을 구성하는 사회, 경제, 환경적 요소에 대해 포괄적이며 균형적인 시각으로 접근하고 있다. 또한 평화와 안보, 인권, 개발이라는 UN의 중심적인 시각을 기반으로 인류, 지구, 번영, 평화, 파트너십이라는 다섯 가지 필수요소를 강조함으로써 보편적(universal), 통합적(integrated), 변혁적인(transformative) 가치에 기반을 두는 지속가능한 발전 의제를 다루고 있다.[24]

[그림 2-2] SDGs의 의제

출처: medicus mundi

---

24 ICM(Independent Commission on Multilateralism)(2016), "The 2030 Agenda for Sustainable Development and Addressing Climate Change", ICM and IPI(International Peace Institute) discussion paper.

출처: http://www.un.org/sustainabledevelopment/news/communications-material/

이처럼 17개 목표와 169개의 세부목표로 구성되어 있는 SDGs는 공여국과 개도국이 달성해야 해야 하는 공통의 과제로서 '모두의 발전(No One Behind)'의 대원칙에 따라 '모든 형태의 빈곤종식(End poverty in all its forms)'을 제1의 목표로 제시하고 있다.

이와 같이 SDGs에서는 빈곤의 종식과 지속가능한 국가발전을 위해 경제, 사회, 환경 등 모든 영역에 대해 통합적이며 포괄적인 시각으로 접근하고 있으며 개발의 영역 외 이슈였던 평화 및 기후변화와 같은 의제를 포함시켜 다루고 있다(ICM, 2016).

[표 2-4] SDGs의 17개 주요 목표

지속가능개발목표(Sustainable Development Goals)	
목표 1	모든 곳에서 모든 형태의 빈곤 종식 (End poverty in all its forms everywhere)
목표 2	기아 종식, 식량 안보와 영양 개선 달성 및 지속가능한 농업 증진(End hunger, achieve food security and improved nutrition and promote sustainable agriculture)
목표 3	모든 연령층의 모든 사람을 위한 건강한 삶 보장 및 복리 증진(Ensure healthy lives and promote well-being for all at all ages)
목표 4	포용적이고 공평한 양질의 교육 보장 및 모두를 위한 평생학습 기회 증진(Ensure inclusive and equitable quality education and promote lifelong learning opportunities for all)
목표 5	양성평등 달성 및 모든 여성과 소녀의 권익 신장(Achieve gender quality and empower all women and girls)
목표 6	모두를 위한 물과 위생의 이용 가능성 및 지속가능한 관리 보장(Ensure availability and sustainable management of water and sanitation for all)
목표 7	모두를 위한 저렴하고 신뢰할 수 있으며 지속가능하고 현대적인 에너지에 대한 접근 보장(Ensure access to affordable, reliable, sustainable and modern energy for all)
목표 8	모두를 위한 지속적이고 포용적이며 지속가능한 경제성장 및 완전하고 생산적인 고용과 양질의 일자리 증진(Promote sustained, inclusive and sustainable economic growth, full and productive employment and decent work for all)
목표 9	회복력 있는 사회기반 시설 구축, 포용적이고 지속가능한 산업화 증진 및 혁신 촉진(Build resilient infrastructure, promote inclusive and sustainable industrialization and foster innovation)
목표 10	국가 내 및 국가 간 불평등 완화(Reduce inequality within and among countries)
목표 11	포용적이고 완전하며 회복력 있고 지속가능한 도시와 거주지 조성(Make cities and human settlements inclusive, safe, resilient and sustainable)
목표 12	지속가능한 소비 및 생산 양식 보장(Ensure sustainable consumption and production patterns)

목표 13	기후변화와 그 영향을 방지하기 위한 긴급한 행동의 실시(Take urgent action to combat climate change and its impacts)
목표 14	지속가능 개발을 위한 대양, 바다 및 해양자원 보존 및 지속가능한 사용(Conserve and sustainably use the oceans, seas and marine resources for sustainable development)
목표 15	육상 생태계의 보호, 복원 및 지속가능한 이용 증진, 산림의 지속가능한 관리, 사막화 방지, 토지황폐화 중지와 회복 및 생물다양성 훼손 중지(Protect, restore and promote sustainable use of terrestrial ecosystems, sustainably manage forests, combat desertification, and halt and reverse land degradation and halt biodiversity loss)
목표 16	모든 수준에서 지속가능 개발을 위한 평화롭고 포용적인 사회 증진, 모두에게 정의에 대한 접근 제공 및 효과적이고 책무가 있으며 포용적인 제도 구축 (Promote peaceful and inclusive societies for sustainable development, provide access to justice for all and build elective, accountable and inclusive institutions at all levels)
목표 17	이행수단 강화 및 지속가능 개발을 위한 글로벌 파트너십 활성화 (Strengthen the means of implementation and revitalize the global partnership for sustainable development)

출처: https://sustainabledevelopment.un.org/?menu=1300

MDGs에서 절대빈곤의 퇴치는 제1의 목표로 다루어졌으며 성공적으로 목표를 달성한 것으로 평가되고 있다. 그러나 MDGs는 소득빈곤을 기반으로 하며 국가별 다르게 나타나고 있는 빈곤의 특성, 빈곤의 불균형과 빈곤의 상대성을 다루고 있지 않다는 측면에서 비판에 직면하였다. 따라서 SDGs에서는 성, 지역, 계층 간 나타나는 빈곤의 특성과 교육, 보건, 일자리 등 다차원적인 영역의 빈곤을 의미하는 '모든 형태(in all forms)'라는 빈곤개념의 변화 양상을 반영하고 있다. 또한 목표10(국가 내 및 국가 간 불평등 완화)을 개별적으로 수립하면서 MDGs에서 독립적인 지표로 다루지 않았던 불균형 완화의 중요성을 강조하고 있다.

목표2(기아종식, 식량안보와 영양개선 달성 및 지속가능한 농업증진)는 개도국의 농촌 지역에서 나타나는 문제를 해결하기 위한 이슈이며 빈곤과 기아, 식량안보의 문제 뿐 아니라 개도국 농촌지역 소농의 생산성과 수입 증대를 통한 농업의 지속가능성을 강조하고 있다. 목표 2는 사막화, 산림 파괴, 식수의 부족과 같은 환경이슈 뿐 아니라 개도국의 농촌지역에서 특히 취약계층으로 간주되고 있는 여성농민, 여아 등 젠더의 문제 등을 복합적으로 포함하고 있다.

목표3(모든 연령층의 모든 사람을 위한 건강한 삶 보장 및 복리 증진)은 보건과 관련된 분야로서 MDGs체제에서 긍정적인 성과를 달성했으며 오늘날 국경을 초월한 글로벌 이슈로서 중요성이 확대되고 있다. 기후변화로 인해 전염병의 양상이 변화하고 있으며 따라서 SDGs에서는 향후 전염성 질병의 감소, 가족계획을 포함한 성 생식 보건, 사하라이남 아프리카와 중남미 등에서 청소년 출산율, 소외 열대질환, 주요 비전염성 질환과 관련된 지표의 개선을 강조하고 있다. 이외에도 SDGs에서 보건이슈는 환경, 교육, 생산적인 고용 등 인간의 보편적인 권리의 접근시각을 통해 포괄적으로 다루어지고 있다.

목표4(포용적이고 공평한 양질의 교육 보장 및 모두를 위한 평생학습 기회 증진)는 MGDs에서 언급되었던 보편적인 교육의 접근성보다 교육의 질제고 측면을 강조하고 있다. 따라서 평생교육의 개념과 직업기술 등의 이슈를 다루고 있으며 영유아부터 성인까지로 정책대상을 확대하고 있다.

가정의 영역에서 여성은 불평등하게 지워진 가사와 돌봄 노동, 미성년 결혼으로 인해 여아와 여성은 학교를 중도포기하며 이러한 상황은 역량개발의 기회에 부정적인 영향을 끼치고 있다. 노동의 영역에서 개도국의 여성들은 가사와 돌봄 등의 무임금 노동에 종사함으로써 자신의 역량을 충분히 활용하지 못하고 있다. 따라서 목표5(양성평등 달성 및 모든 여성과 소녀의 권익 신장)에는 소녀와 여성에 대한 모든 종류의 폭력과 미성년 결혼을 근절하고 재산소유, 상속, 은행계좌 설립 등에 대한 여성의 권리를 보장하기 위한 내용이 반영되어 있다.

목표6(모두를 위한 물과 위생의 이용 가능성 및 지속가능한 관리 보장)은 경제와 사회개발을 위한 필수적인 요소이며 개도국 주민의 삶과 건강, 주요 산업인 농업과 깊은 관련성이 있다. SDGs에서는 안전한 식수와 위생시설에 대한 보편적인 접근과 노상배변 근절을 강조하고 있다.

목표7(모두를 위한 저렴하고 신뢰할 수 있으며 지속가능하고 현대적인 에너지에 대한 접근 보장)은 현대적인 에너지에 대한 불평등 해소를 의미하고 있다. 재래식 아궁이에서 고형연료를 사용하는 개도국 주민들에게 오염물질 배출로 인한 호흡기 질환 등 보건 분야에서 피해가 발생하고 있으며 따라서 현대적 에너지에 대한 접근성 문제는 사회 및 보건문제와 연계되고 있다. 또한 교육, 고용, 경제성장, 환경, 기후변화와도 관련됨으로써 개도국 주민 삶의 질 개선과 직결되고 있다.

목표8(모두를 위한 지속적이고 포용적이며 지속가능한 경제성장 및 완전하고 생산적인 고용 및 양질의 일자리 증진)은 MDGs에서 독립적인 목표로 다루어지지 않았으며 고용과 양질의 일자리(decent work)라는 MDGs1의 세부지표로 포함되어 있었다. 이 목표는 SDGs의 3대 축이며 포용적이며 지속가능한 경제성장을 강조하고 있다. 이처럼 SDGs에서는 고용과 일자리 증진의 이슈를 독립적으로 다루고 있으며 직업훈련 등 인적역량 개발을 위한 분야를 포함하고 있다.

목표9(회복력 있는(resilient) 사회기반 시설 구축, 포용적이고 지속가능한 산업화 증진 및 혁신 촉진)는 국가의 경제발전을 위해 지역 간 교역과 해외수출을 위한 교통 인프라, ICT에 대한 접근성 등 인프라, 산업화, 혁신의 주제를 포괄적으로 다루고 있다.

목표10(국가 내 및 국가 간 불평등 완화)은 국가 간 불평등과 국가 내 불평등을 구분하고 있으며 앞에서 언급했던 것처럼 SDGs에서 독립적인 목표로 다루면서 불평등 완화의 문제를 심층적으로 접근하고 있다.

최근 개도국에서 도시화 비율이 높아지면서 목표11(포용적이고 완전하며 회복력 있고 지속가능한 도시와 거주지 조성)은 국가전체의 발전 뿐 아니라 국제적인 이슈로서 다루어지고 있다. 이처럼 국제개발협력에서 지방화(Localization)의 개념이 다루어지고 있으며 개도국의 지역발전 과정에서 지방정부의 역할이 강조되고 있다. 또한 이 목표를 통해 지방화의 문제는 국제적 차원에서 다루어지는 이슈로 부각되고 있다.

목표12(지속가능한 소비 및 생산 양식 보장), 목표13(기후변화와 그 영향을 방지하기 위한 긴급한 행동의 실시), 목표14(지속가능 개발을 위한 대양, 바다 및 해양자원 보존 및 지속가능한 사용), 목표15(육상 생태계의 보호, 복원 및 지속가능한 이용 증진, 산림의 지속가능한 관리, 사막화 방지, 토지황폐화 중지와 회복 및 생물 다양성 훼손 중지)는 기후변화, 해양과 육상생태계 보호, 생물의 다양성을 위한 보호 장치 마련, 산림파괴 감소, 사막화 방지 등 환경 관련된 목표들이며 지속가능성을 강조하는 지표들로 구성되어 있다. MDGs와 비교할 때 SDGs에서는 환경을 글로벌 과제로서 세부적으로 구분하고 있다. 또한 목표 간 상호연계성의 시각을 토대로 다루고 있다. 이외에도 환경과 관련된 지표들은 식량과 영양, 보건, 식수, 농업 등 다른 분야와도 밀접한 관계를 보이면서 복합성을 내포하고 있다.

목표16(모든 수준에서 지속가능개발을 위한 평화롭고 포용적인 사회 증진, 모두에게 정의에 대한 접근 제공 및 효과적이고 책무가 있으며 포용적인 제도 구축)은 폭력과 분쟁 등을 야기하는 제도의 취약성 문제를 다루고 있다. 또한 정치과정에서 시민참여와 공공기관의 법, 제도적인 역량과 전문성, 책무성의 강화를 강조하고 있다.

목표17(이행수단 강화 및 지속가능 개발을 위한 글로벌 파트너십 활성화)은 국제사회의 변화를 반영하는 목표이며 국제사회의 상호연계성 강화로 인해 국가 간 협력의 중요성을 강조하고 있다.

이러한 목표별 연계성을 토대로 공여국은 개도국의 지원에 있어서 교육, 보건과 같은 개별적인 접근 외에도 인프라 개발(목표 8, 9), 현대적 에너지에 대한 접근 보장(목표 7), 기후변화에 대응(목표 13, 14, 15), 평화와 안보에 대한 보장(목표 16), 전반적인 불평등 해소(목표 10) 등 다양한 목표를 포괄적인 시각으로 접근할 수 있다.

이와 같이 SDGs의 각 목표는 목표별 상호 연관성을 토대로 개발되었고 개도국의 지원과정에서 포괄적인 시각을 통해 접근할 수 있다. 따라서 다음과 같이 르블랑(Le Blanc)은 목표간 관계를 네트워크 분석을 통해 도식화하고 있다.[25]

목표12(지속가능한 소비 및 생산 양식 보장), 목표10(국가 내 및 국가 간 불평등 완화), 목표1(모든 곳에서 모든 형태의 빈곤 종식), 목표8(모두를 위한 지속적이고 포용적이며 지속가능한 경제성장 및 완전하고 생산적인 고용과 양질의 일자리 증진)은 다른 목표들과의 연계성이 가장 높은 것으로 나타나고 있다. 목표7(모두를 위한 저렴하고 신뢰할 수 있으며 지속가능하고 현대적인 에너지에 대한 접근 보장), 목표9(회복력 있는(resilient) 사회기반 시설 구축, 포용적이고 지속가능한 산업화 증진 및 혁신 촉진), 목표14(지속가능 개발을 위한 대양, 바다 및 해양자원 보존 및 지속가능한 사용)는 비교적 다른 목표들과의 연계성이 낮은 편이다.

---

25 David Le Blanc(2015), "Towards integration at last? The sustainable development goals as a network of targets", New York: UN/DESA(Department of Economic and Social Affairs) Working paper No. 141 참조.

[표 2-5] SDGs의 17개 주요 목표별 상호연계성

순위	지속가능개발목표(Sustainable Development Goals)	목표별 연계성 수
1	12. 지속가능한 소비 및 생산 양식 보장	14
2	10. 국가 내 및 국가 간 불평등 완화	12
3	1. 모든 곳에서 모든 형태의 빈곤 종식	10
4	8. 모두를 위한 지속적이고 포용적이며 지속가능한 경제성장 및 완전하고 생산적인 고용과 양질의 일자리 증진	10
5	2. 기아 종식, 식량 안보와 영양 개선 달성 및 지속가능한 농업 증진	8
6	3. 모든 연령층의 모든 사람을 위한 건강한 삶 보장 및 복리 증진	8
7	5. 양성평등 달성 및 모든 여성과 소녀의 권익 신장	8
8	4. 포용적이고 공평한 양질의 교육 보장 및 모두를 위한 평생학습 기회 증진	7
9	6. 모두를 위한 물과 위생의 이용 가능성 및 지속가능한 관리 보장	7
10	11. 포용적이고 완전하며 회복력 있고 지속가능한 도시와 거주지 조성	6
11	13. 기후변화와 그 영향을 방지하기 위한 긴급한 행동의 실시	6
12	15. 육상 생태계의 보호, 복원 및 지속가능한 이용 증진, 산림의 지속가능한 관리, 사막화 방지, 토지황폐화 중지와 회복 및 생물다양성 훼손 중지	6
13	16. 모든 수준에서 지속가능 개발을 위한 평화롭고 포용적인 사회 증진, 모두에게 정의에 대한 접근 제공 및 효과적이고 책무가 있으며 포용적인 제도 구축	6
14	7. 모두를 위한 저렴하고 신뢰할 수 있으며 지속가능하고 현대적인 에너지에 대한 접근 보장	3
15	9. 회복력 있는(resilient) 사회기반 시설 구축, 포용적이고 지속가능한 산업화 증진 및 혁신 촉진	3
16	14. 지속가능 개발을 위한 대양, 바다 및 해양자원 보존 및 지속가능한 사용	2

출처: Le Blanc(2015)

[그림 2-3] SDGs의 목표 간 네트워크 분석

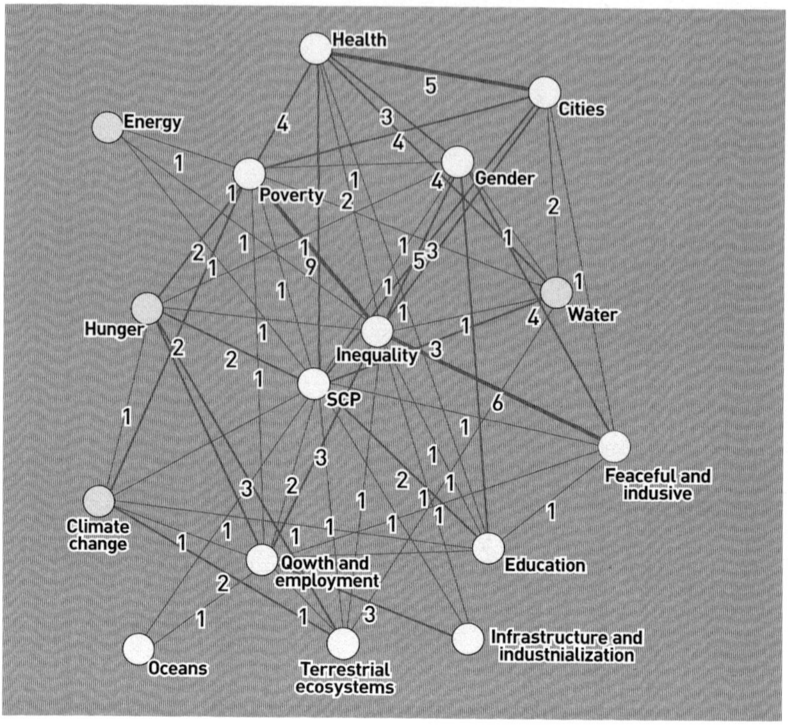

출처: Le Blanc(2015)

중남미는 SDGs의 수립과정에 참여했으며, 특히 브라질, 콜롬비아, 쿠바, 멕시코는 유엔고위급 패널에서 활동하였다. SDGs체제에서 중남미의 과제는 에너지, 인구, 도시화, 공공안전 등으로 언급되고 있다. 또한 형평성과 지속가능성을 목표로 구조적인 변화에 기반한 새로운 발전모델의 수립 필요성이 강조되고 있다.

다음 표를 통해 중남미, 중미, 카리브, 남미 등 권역별 SDGs달성 상황을 파악할 수 있으며 각각의 목표별 세부지표에 따라 구체적인 개선의 정도를 알 수 있다.

[표 2-6] SDGs의 17개 주요 목표별 세부지표와 달성상황

A	B	C	D	E	F
목표달성	목표의 절반이상 달성	목표의 1/3이상 달성	목표의 1/4이상 달성	진전이 없음	진전과 다른 역행

목표		라틴 아메리카	중미	카리브	남미
10. 불평등	10.1. 소득불균형의 감소	A	A	D*	A
1. 빈곤	1.1. 극빈곤 퇴치	B	B	B	B
7. 에너지	7.1. 보편적인 에너지에 대한 접근	B	B	B	B
6. 물/위생	6.1. 위생에 대한 보편적인 접근	C	B	D	B
15. 생물의 다양성	15.2. 산림벌채중단	D	D	A	D
2. 기아	2.1. 기아의 퇴치	E	E	D	D
3. 보건	3.1. 모성사망률 감소	E	D	E	D
4. 교육	4.1. 보편적인 중등교육	E	E	E	D
5. 젠더	5.3. 아동결혼금지	E	D	C*	F
17.파트너십	17.1. 국내자원의 이동	E	B	F*	F*
11. 도시	11.1. 슬럼가 인구의 감소	F	F	F	F
12. 폐기물	12.5. 폐기물 감소	F	F	F	F
13.기후변화	13.2. 기후변화에 대처	F	F	F	F
14. 해양	14.2. 해양환경보호	F	F	F	F
16. 평화	16.1. 폭력적인 사망자 감소	F	F	F	E
8. 성장	8.1. 저소득국에서(LDCs)에서 경제성장	N/A	N/A	D*	N/A
9. 산업화	9.2. 저소득국에서 산업화	N/A	N/A	N/A	N/A

*데이터 부족으로 3개 이하 국가의 추세에 따라 평가
출처: Nicolai et al.(2016)

표에서 보는 것처럼 중남미는 극빈곤, 소득불균형, 보편적인 에너지 접근 상황이 대체로 개선되었다. 또한 중미와 남미를 중심으로 위생서비스에 대한 보편적인 접근성도 개선되었다. 그러나 기아퇴치, 모성사망률, 보편적인 중등교육 등의 지표에서는 진전이 없으며 슬럼가 인구, 폐기물 관리, 기후변화에 대처, 해양 환경보호, 폭력적인 사망자와 관련된 지표에서는 오히려 역행하는 추세를 보이고 있다. 한편 중미, 카리브, 남미 등 권역별 상황으로 볼 때 카리브 지역은 중미와 남미에 비해 불평등, 물과 위생 접근성 등에서 열악한 상황에 있다.

오늘날 개발협력은 개도국의 경제·사회 발전을 위한 지원에서 개도국에 영향을 줄 수 있는 공여국 내 정책을 개선하고 개도국 친화적 환경을 조성하며 글로벌 과제를 해결하기 위한 '국제협력'의 수단으로 변화하고 있

다.[26] 이러한 개발협력 개념의 변화와 더불어 신흥공여국, 지방정부, 기업 등 새로운 행위주체의 역할이 확대되면서 개발재원의 다각화 추세도 나타나고 있다. 따라서 국제사회는 SDGs달성을 위해 ODA를 촉매로 하여 다양한 민간재원을 동원할 수 있는 방안을 강구하고 있으며 다각화된 행위주체를 포괄하며 이들 간의 협력을 통한 지원방식으로 민관협력(PPP), 남남협력, 삼각협력 혹은 삼자간 협력 등이 주목받고 있다.

26 정상희 외(2017), op. cit., p. 33.

CHAPTER

3

국제개발협력의 범분야 이슈

1. 빈곤과 개발

2. 젠더와 개발

3. 환경과 개발

3장

국제개발협력의 범분야 이슈

1. 빈곤과 개발

빈곤이란 무엇인가?

사회과학에서 핵심적으로 논의되어 왔던 빈곤의 개념은 변화하고 있다. 빈곤은 경제적인 측면에서 최소한의 생존을 위한 필수품을 조달하지 못하는 '궁핍'으로부터 정치, 경제, 사회, 문화적 차원을 포괄하는 다양한 영역에서 발생하고 있는 상대적인 결핍으로 빈곤에 대한 시각은 다차원적(multidimensional)인 개념으로 확대되고 있다.

[그림 3-1] 세계 빈곤지도

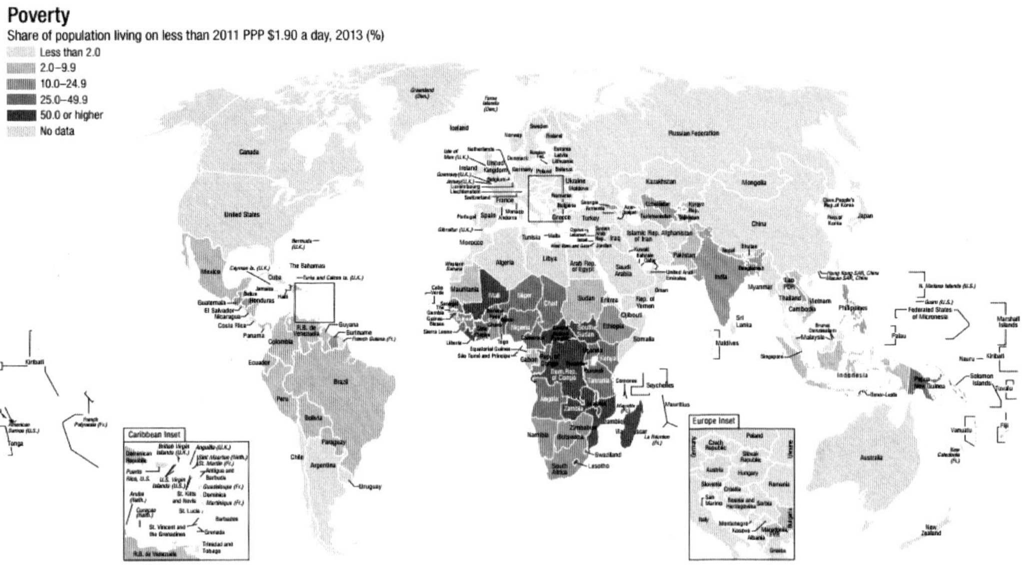

출처: World Bank(2017)

MDGs와 SDGs의 목표에서 보는 것처럼, 빈곤 퇴치는 국제사회에서 주요한 현안 과제였다. 개발협력은 이러한 세계적인 빈곤을 해결하기 위한 방안 중 하나이다. 이러한 측면에서 개발에서 빈곤은 쟁점적인 이슈로서 '빈곤은 무엇인가', '어떻게 빈곤을 해결하는가?' 에 대한 논의는 지속되어 왔다.

세계은행(World Bank)의 빈곤지도에서 절대적인 빈곤선, 즉 2011년 구매력평가지수(Purchasing Power Parity, PPP)에 의하면 하루 1.90불 이하로 살아가는 인구비율을 파악할 수 있으며 이러한 비율이 50%이상인 국가는 대부분 아프리카 대륙에 위치해 있다.

씨봄 라운트리(Seebohm Rowntree)에 의해 발전된 절대적인 빈곤선(Poverty Line)은 인간이 살아가는데 필요한 최소한의 기준으로 빈곤의 경제적 측면을 반영한 지표이며 수량적 관점에서 빈곤의 특징을 정의하고 국가별 상황을 비교하는데 용이하다. 일반적으로 빈곤선은 국가별 영양학적 표준을 통해 인간의 최소한 생존조건을 충족하는 최저생계비 기준을 통해 산출하고 있으나 최저생계비 기준 역시 지리적인 조건, 문화적 관습, 소비 방식에 따라 달라질 수 있는 상대적인 속성을 지니고 있다.[27]

피터 타운센드(Peter Townsend)는 상대적인 빈곤 개념을 발전시켰으며 빈곤은 소득에 국한된 것이 아닌 사회에서 관습적으로 널리 인정되는 소비와 삶의 조건과 관련된 자원(resources)의 결여라는 개념으로 정의하였다.[28]

스타인 링겐(Stein Ringen)은 빈곤을 '사실(mere fact)'보다 '도덕적인 문제(moral problem)'로 개념화하여 빈곤의 주관성과 가변적인 속성을 강조하였다.[29]

아마티야 센(Amartya Sen)은 역량접근(Capability Approach)의 관점을 통해 빈곤은 인간의 잠재적 역량이 발휘되는 것을 제한받거나 그 역량이 박탈된 상태를 의미한다고 정의하고 있으며 센의 접근시각은 경제적인 결핍보다 인간의 역량에 초점을 두고 있으며 이러한 빈곤에 대한 접근법의 변화는 개발협력 정책의 전반적인 패러다임 변화에 영향을 미치고 있다.[30]

이와 같이 빈곤의 개념을 정립한 대표적인 학자들인 라운트리, 타운센드, 링겐, 센을 통해 빈곤의 개념변화 양상을 파악할 수 있다. 이처럼 빈곤에 대한 개념이 변화하면서 빈곤을 측정하고 그 범주를 규정하며 이에 대

---

27 브로니슬라프 게레멕(2010), 『빈곤의 역사』, 이성재 옮김, 서울: 길, p. 10.

28 정상희(2013), "빈곤에 대한 새로운 접근시각을 통해서 본 볼리비아 빈곤양상과 사회 정책의 함의", 『중남미연구』, 32권 3호, p. 222.

29 Ibid., p. 222.

30 이주하(2011), "빈곤에 대한 정치사회학적 이해", 『한국사회정책』, 제18집 1호, p. 16.

처하는 정책을 수립하기 위한 관점이 변화하고 있다.

다음은 국제개발협력의 관점에서 빈곤의 개념을 다루고 있는 DAC 빈곤감소 가이드라인(The DAC Guidelines; Poverty Reduction)의 내용을 중심으로 개념의 변화 과정을 논의하였다.[31]

DAC 빈곤감소 가이드라인에서는 첫째, 빈곤이란 무엇인가? 둘째, 빈곤계층은 누구인가? 셋째, 어떻게 빈곤을 측정하고 관찰하는가? 넷째, 빈곤이 지속되는 원인은 무엇인가? 다섯째, 빈곤감소를 위해서는 어떠한 정책을 이행해야 하는가? 라는 다섯 가지 분석단계를 토대로 국가별 빈곤양상을 고찰하고 있으며 이에 따른 정책방향을 제시하고 있다.[32]

첫째, 빈곤이란 무엇인가? 경제적인 관점을 반영하는 절대적 빈곤은 상대적이며 다차원적인 관점으로 변화하고 있다. 즉, 소득중심에서 역량중심으로 변화하고 있는데 세계은행(World Bank)과 유엔개발계획(UNDP) 등 국제사회에서 빈곤의 개념은 '박탈(Deprivation)'로 정의되고 있으며 이는 다차원적인 측면에서 '역량의 제한(Inability)'이라는 의미를 함축하고 있다.

이처럼 빈곤은 경제적 차원 뿐 아니라 인적(human), 정치적(political), 사회·문화적(socio-cultural), 보호적(protective) 역량 등 다양한 차원(multidimensional)에서의 결핍의 상태를 의미하고 있으며 각각의 영역에서 의미하는 역량의 개념은 다음과 같이 정의할 수 있다.[33]

경제적 역량은 식량안보, 물질적 여유, 사회적 지위를 얻기 위해 필요한 소득을 창출하고 소비할 수 있는 자산을 보유하고 있는 역량을 의미하며

---

31 정우진(2011), "빈곤과 개발", 『국제개발협력이슈』, 한국국제협력단 ODA 교육원 엮음, 성남: 한국국제협력단 ODA교육원, pp. 3-56.; OECD DAC(2001), *The DAC Guidelines: Poverty Reduction*, Paris: OECD 참조.

32 정상희(2013), op. cit., p. 221.

33 정우진(2011), op. cit., pp. 6-7.; OECD DAC(2001), op. cit., pp. 37-41.

이는 물질적이며 금전적인 자원에 안정적으로 접근하는 것을 뜻한다.

인적 역량에는 행복한 생활에 핵심적이며 삶의 질을 향상시키는 주요한 요소로서 보건, 교육, 영양, 안전한 물과 주거지 등에 대한 접근성을 포함하고 있다. 실례로 생산적인 일에서 질병과 문맹 등은 장애요소로 작용할 수 있으며 이는 빈곤감소를 위한 경제 혹은 여타의 활동에 영향을 미칠 수 있다. 교육은 빈곤극복의 주요한 수단으로서 빈곤 자체를 감소시킬 수 있는 효과적인 방안으로 고려되고 있다.

정치적 역량은 인권과 공공정책의 수립 및 집행과정에 미칠 수 있는 영향력을 의미하고 있으며 정치적인 자유와 인권의 결핍은 빈곤의 주요한 속성 중 하나이다.

[그림 3-2] 빈곤의 다차원적인 개념

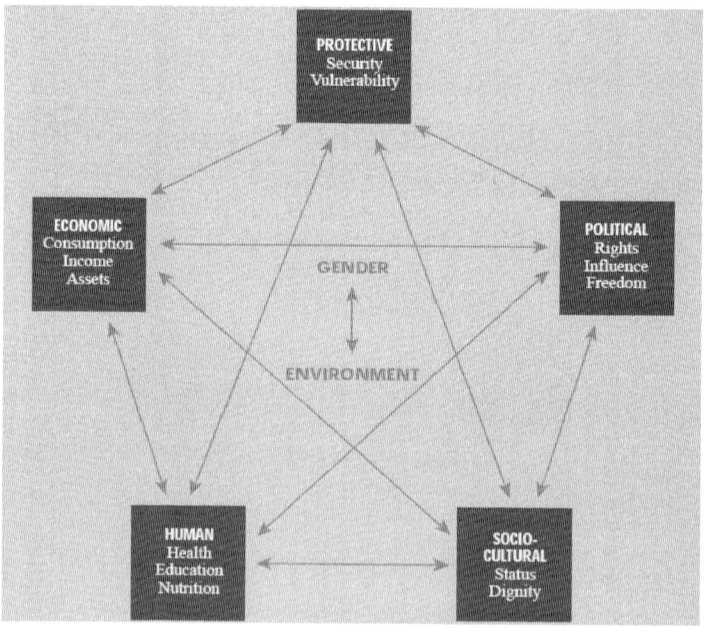

출처: OECD(2001)

사회·문화적 역량은 공동체에서 가치 있는 일원으로 참여할 수 있는 능력을 의미하며 빈곤층이 공동체에 소속됨으로써 획득할 수 있는 사회적 지위, 존엄성, 다른 문화적 조건들을 뜻하고 있다.

보호적 역량은 경제위기 등 외부적 충격을 견딜 수 있는 능력이며 이는 빈곤을 예방하기 위해 필수적인 요소이다. 보통 빈곤계층은 질병, 범죄, 전쟁, 식량 불안정 등의 상황으로부터 취약하며 이외에도 자연재해와 경제위기 등 외부적인 충격에 의해 간헐적인 빈곤상태에 놓일 수 있다. 이처럼 빈곤계층은 외부적인 환경에 따라 빈곤상황에 있거나 혹은 이로부터 벗어날 수 있으며 현재와 과거의 빈곤 상황은 다른 성격을 지닌다. 또한 빈곤은 세대를 거치면서 지속되거나 혹은 일시적인 현상일 수 있다는 점에서 역동적인 개념으로 이해될 수 있다.

이처럼 빈곤의 다양한 영역들은 각기 독립적으로 보이지만 동시에 밀접한 연관 관계를 맺고 있다. 이러한 측면에서 오늘날 빈곤의 개념은 다차원적인 시각에서 다루어지고 있다. 게레멕(2010)의 언급처럼 빈곤은 사회적, 문화적, 경제적, 정치적, 심리적, 생리적, 생태적 요인들이 복합적으로 상호작용하는 삶의 방식으로 설명할 수 있다.

한편 젠더와 환경은 범주류적인(cross-cutting) 측면의 주제이며, 각각의 영역에서 빈곤상황을 이해하고 감소시킬 수 있는 중요한 요소로 고려되고 있다. DAC의 빈곤감소 가이드라인에서 분석하는 것처럼, 빈곤상황은 남성과 여성에게 각기 다른 방법과 정도로 영향을 미치고 있으며, 특히 여성 빈곤은 남성 빈곤보다 심각한 수준에 있다고 볼 수 있다. 실례로 여성은 남성에게 폭력으로 고통 받을 수 있으며 또한 여성은 남성보다 소득이 낮고 문맹일 확률이 높다. 이외에도 여성은 공동체 내에서 정치, 사회적으로 소외될 가능성이 높기 때문에 빈곤을 극복하기 위한 여성과 남성의 역량은 달라질 수밖에 없다.

또 다른 이슈인 환경은 빈곤의 다양한 영역과 관련되고 있으며 농촌과 도시에서의 수질오염, 공기오염, 토질악화, 산림파괴 등은 빈곤층의 생활과 건강에 심각한 위협이 될 수 있다. 특히, 농촌과 도시의 빈곤층은 가뭄, 홍수, 허리케인, 해수면 상승 등의 자연재해에 취약하며 세계적으로 가속화되고 있는 기후변화 역시 이들의 빈곤상황을 악화시키면서 경제적, 사회적 문제를 야기할 수 있다.

빈곤계층은 누구인가?

빈곤계층은 개인, 가정, 공동체, 지역 등 사회의 다양한 수준(level)과 연관성이 있으며, 이는 빈곤계층의 경제, 사회적인 범주를 규정하는 개념이다. 흔히 가구를 대상으로 조사하고 있는 인구센서스의 결과를 통해 가정의 소득, 소비, 분배의 평균치 등 관련 정보를 파악할 수 있으며, 이외에도 젠더, 인종, 종교, 문화, 지역적인 특성에 대한 분석을 통해 빈곤계층의 범주를 규정할 수 있다.[34] 흔히 원주민, 난민, 망명자, 정신, 신체적인 장애인, HIV/AIDS 환자, 노령층 등을 빈곤계층의 범주로 구분할 수 있으며 특히 사회적인 혜택으로부터 소외되고 있는 여성과 길거리 아동 등은 가장 취약한 사회집단으로 고려할 수 있다.

---

34 OECD DAC(2001), op. cit., p. 41.

빈곤을 어떻게 측정 할 것인가?

빈곤의 측정은 빈곤의 다양한 측면을 어떻게 계량화할 수 있는가의 문제를 다루고 있다. 이처럼 빈곤측정을 통해 빈곤의 대상, 규모, 계층을 규정하고 이를 토대로 사회정책을 수립할 수 있다.

빈곤에 대한 접근방식이 달라지면서 빈곤은 경제적인 지표와 비경제적 지표를 통해 측정할 수 있다. DAC 빈곤감소 가이드라인에서는 단일(single), 혼합(composite), 영역(discrete)별 지표를 통해 빈곤 측정의 다양한 수준을 설명하고 있다.

전통적인 측정방법은 소득과 지출 등 경제적인 시각을 반영한 기준이며 빈곤선(Poverty Line), 빈곤율(Incidence of Poverty), 빈곤격차(Poverty Gap Index), 빈곤 불평등(Inequality of Poverty)이 있으며 이러한 지표를 통해 빈곤의 정도와 범위를 측정하였다.[35] 이러한 소득기준의 지표들은 국가와 지역에 따라 다른 사회, 문화 등 다양한 요소들이 적절히 반영되지 못했다는 단점이 있다.

오늘날 빈곤의 다면적인 측면이 강조되면서 인간개발지수(Human Development Index, HDI), 인간빈곤지수(Human Poverty Index, HPI), 성불평등지수(Gender-related Index, GII) 등 경제적인 측면과 인적 측면을 합산한 혼합지표(Composite Indexes)들이 널리 활용되고 있다. 특히 UNDP의 HDI는 인간의 잠재력을 개발하는 동시에 만족스럽고 창조적인 삶을 살아가는 인간행복의 기준으로 정의되는 인간개발(Human

35 정우진(2011), "빈곤과 개발", op. cit., pp. 9-12.; OECD DAC(2001), op. cit., pp. 41-43.

development)의 개념이 반영된 지표이다.[36] 따라서 HDI는 인간의 삶과 직접적으로 관련된 지표로서 소득수준, 교육수준, 문맹률, 평균수명 등을 종합적으로 반영하고 있으며 국가 발전의 정도를 평가하고 있다.

마지막으로 영역별 지표(Discrete Indexes)란 경제, 인적, 사회, 문화적, 정치적, 보호적 차원으로 구분된 각각의 영역에서 빈곤을 측정하는 것으로 이는 지역사회 차원에서 기획과 모니터링 시, 상세한 정보를 얻을 수 있으나 이러한 상대적 빈곤은 사회적 관습, 생활방식, 소비방식에 따라 결정되기 때문에 빈곤의 성격을 정의하는 것이 용이하지 않다.[37]

[그림 3-3] 빈곤측정을 위한 지표

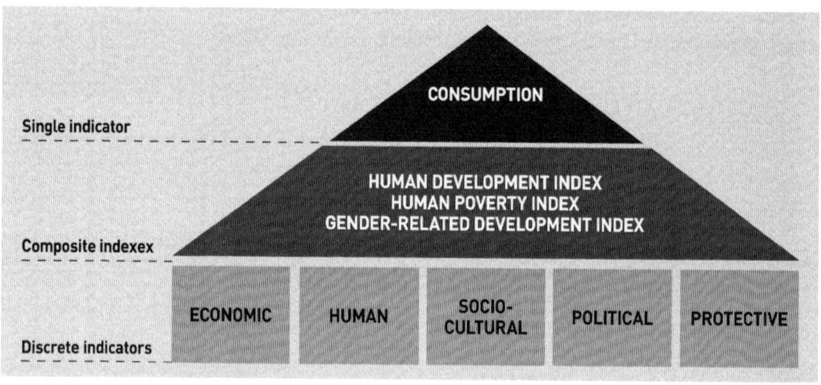

출처: OECD(2001)

---

36 Andrew Heywood(2013), 『국제관계와 세계정치』, 김계동 옮김, 서울: 명인문화사, p. 365.

37 정우진(2011), op. cit., pp. 14-15.

[표 3-1] 빈곤측정 지표의 개념

지표	개념	성격
빈곤선 (Poverty Line)	빈곤선 수립을 위해 가계의 수입과 지출을 포함한 가계조사를 통해 산출(의식주 등 기초적 욕구해결에 드는 비용, 1인 1칼로리 섭취를 위해 지출하는 비용, 주관적으로 생계유지에 드는 최소비용)	단일지표
빈곤율 (Incidence of Poverty)	빈곤선 이하의 인구비율 측정	단일지표
빈곤격차 (Poverty Gap)	빈곤선과 각 빈곤한 개인 사이의 차이, 빈곤격차의 총합을 통해 빈곤을 제거하는데 필요한 최소비용을 파악	단일지표
빈곤불평등 (Squared Poverty Gap)	빈곤격차를 제곱한 후 평균을 구해서 빈곤한 개인 간 불평등의 정도 파악	단일지표
인간개발지수(HDI)	기대수명, 교육(성인문맹률, 초중고 등록률), GDP/Capita(PPP 단위로 구매력 측정)의 평균	혼합지표
인간빈곤지수(HPI)	40세 이전 사망률, 문맹, 낮은 생활수준 대용지표(Proxy Indicator)를 합한 지수	혼합지표
성불평등지수 (GII)	생식보건(모성사망률, 청소년 출산율), 권한향상(남녀 의회 의석수 비율, 중고등교육 이수율), 노동시장에서의 성취(여성의 노동시장 참여율) 측정	혼합지표

출처: 정우진(2011)

무엇이 빈곤을 야기하는가?

빈곤의 원인은 경제적, 사회적, 문화적 관점에서 분석할 수 있다.[38] 경제적인 관점에서 빈곤은 경제체제, 생산과정, 성장의 과정에서 배제된 빈민의

38 브로니슬라프 게레멕, op. cit., pp. 11-13.

상황을 의미한다.

사회적 관점에서 앨프리드 마셜(Alfred Marshall)은 빈곤이 야기하는 윤리적인 타락을 강조했으며 빈곤은 삶의 조건으로서 일종의 타락으로 규정하였다. 존 갤브레이스(John Galbraith)는 이러한 타락을 도덕적인 맥락이 아닌 경제 체제를 포함한 전체 사회와의 관계에서 접근했으며 빈곤이 사고, 불행, 무능력으로 인해 경제체제에서 제외된 사람들에 관한 연구라고 언급하였다.

문화적 관점에서 마이클 해링턴(Michael Harrington)은 빈곤이 경제발전에 참여하지 못하고 사회로부터 괴리되거나 구별된 계층의 행동방식이라고 규정했으며 이러한 연구자들은 '빈민의 하위문화', '빈곤의 게토화'라는 이론으로 발전시켰다.[39]

이처럼 빈곤의 원인에 대한 연구는 과거 경제적인 관점, 즉 사회적인 불평등을 표출하는 타락으로 개인적인 측면에 의해 유발되는 것으로 파악했으나 최근 사회적, 문화적 관점과 구조적인 문제로부터 빈곤의 원인을 분석하고 있다.

개발협력의 관점에서 개도국 빈곤의 원인은 기후, 지리, 역사적인 배경과 같은 불변적인 요인들과 부정부패한 엘리트 집단, 미비한 인권제도, 취약한 제도적인 역량, 비효율적인 공공기관 등 국가 차원의 제도적인 역량의 부족으로부터 야기된 가변적인 요인들로 구성되어 있다.

통계학적 방법론을 통해 한 국가의 근본적인 빈곤의 원인을 규명하는 것은 어려우나 빈곤 극복을 위해서는 빈곤의 원인을 분석할 필요가 있다. 이외에도 국제적으로 불리한 경제 환경으로 인해 개도국 내에서 재정적자와 경제정책이 실패할 수 있으며 이러한 상황은 부적절한 경제성장으로 이

---

39 Ibid., p. 12.

어지면서 빈곤을 발생시킬 수 있다.

빈곤에 영향을 미치는 요인들은 가정 및 개인적 차원, 지역사회(community)와 지역적(regional) 차원 등 세 가지 측면에서 분석할 수 있다.[40]

- 가정 및 개인적 차원 : 가구의 규모, 가족구성원의 연령구조, 가구주에 대한 의존성 정도, 가구주의 성별, 가족구성원의 취업 유무, 고용시간, 재산취득 상황, 구성원의 보건 및 영양상태, 교육, 주거
- 지역사회 차원 : 도로, 물, 전기와 같은 인프라, 교육, 보건과 같은 기초 서비스, 시장에 대한 접근성, 사회적 자본과 유동성
- 지역적 차원 : 홍수나 태풍에 의한 취약성, 지리적인 고립성, 정부(거버넌스)의 질, 재산권 보호여부, 성, 인종, 다른 민족에 의한 차별, 불평등 및 사회적 분열

국제사회는 정량적인 통계와 정성적인 측정을 통해 수원국의 다양한 차원에서 빈곤비율과 특성을 분석하는 빈곤 프로파일(Poverty Profile)을 작성하고 있다.

빈곤을 퇴치하기 위해 어떠한 정책을 이행해야 하는가?

1940-1950년대 2차 세계대전의 이후 미국은 마셜플랜을 통해 전쟁 후

40 정우진(2011), op. cit., p. 8.

파괴된 서유럽을 복구하기 위한 지원을 했으며, 이 시기 미국과 소련이 중심이 되었던 냉전체제 하, 미국과 소련은 자본주의권과 사회주의권 간의 세력 확대와 반대편 진영의 저지를 목적으로 정치적인 이데올로기 관점이 반영된 원조를 지원하였다. 또한 기존의 제국주의 국가들은 아시아와 아프리카 지역의 신생독립국에 대한 개발 원조를 본격화하였다.

1960년대 신생독립국의 등장으로 UN의 가입국이 증가하면서 선진국과 개도국 간의 '남북문제(North-South Problem)'는 국제적인 이슈로 부각되었다. 또한 냉전체제라는 국제환경에서 원조는 선진국의 시각에서 이러한 남북문제를 해결하기 위한 방안으로 간주되었다. 즉, 선진국의 시각에서 산업화, 도시화, 부와 교육의 확대를 통해 중간계층이 성장하면서 경제적, 사회적 발전을 이룰 수 있으며 이를 통해 정치적인 민주주의를 달성할 수 있다는 근대화 이론을 기반으로 개도국은 선진국으로 변화할 수 있다. 이처럼 개도국이 선진국으로 발전하기 위해서는 선진국의 원조는 효율적인 수단이 될 수 있다. 반면 개도국의 입장에서 원조는 선진국의 착취수단에 불과하다. 즉, 근대화 이론의 새로운 패러다임으로 등장한 종속이론의 관점에 따라 개도국들은 세계 무역의 불공정성과 핵심(core)-반주변부(semi-periphery)-주변부(periphery)로 이루어져 있는 국제체제의 불평등성을 비판했으며 이에 대한 시정을 요구하였다.

또한 이 시기 빈곤감소를 위한 주요전략으로 대규모 자본을 통한 경제성장과 같은 성장주의 발전전략과 하향침투(Trickle down) 이론의 효과가 주를 이루었으며 이러한 맥락에서 사회정책은 소득의 재분배 역할을 강조하였다. 한편, 남북문제를 해결하기 위한 공여국 간 협력과 원조의 규모 및 수단 등을 조정할 수 있는 다자기구가 설립되었고 이에 따라 다자간 협력이 본격적으로 이루어졌다.

1973년과 1979년 발생한 석유위기로 인해 세계적인 경제침체 상황이 발생하면서 개발협력은 전반적으로 위축되었다. 선진국은 원조규모를 삭감했으며 개도국은 채무증가로 인한 경기침체 상황을 경험하였다. 이에 개도국들은 개도국을 위한 무역조건의 개선과 원조의 확대 등 국제경제체제의 시정을 요구하는 신국제경제질서(New International Economic Order, NIEO)를 선언하였다. 한편, 대규모 자본을 통한 경제성장과 트리클다운 효과에 대한 비판적인 시각이 대두되면서 지역주민의 기본적인 필요에 충족하는 것을 중시하며 인간의 기본적인 욕구(Basic Human Needs, BHNs)를 강조하는 새로운 접근방식이 대두되었다. 이러한 개발과 빈곤에 대한 시각의 변화는 사회정책에 새로운 전환의 계기를 가져오게 되었다. 따라서 원조의 지원형태는 물자 중심에서 빈곤, 교육, 보건 등 인간의 삶과 생활수준을 개선하기 위한 전략과 프로젝트의 형태로 변화하였다.

1980년대 세계 경제의 위기과정에서 누적된 채무로 인한 개도국의 위기상황은 지속되었고 멕시코, 브라질 등 중남미의 주요 국가들은 모라토리엄(Moratorium)을 선언하였다. 이에 대한 국제적인 대응으로 IMF와 세계은행은 구조조정 프로그램(Structural Adjustment Programme, SAPs)을 주도했으며 개도국에 대한 구조조정 차관을 지원하였다. 이처럼 이 시기 기존 개별사업 단위의 개발 프로젝트를 지원해 오던 세계은행은 국제수지 개선을 목적으로 거시경제 운영과 관련된 비프로젝트 원조를 대규모로 지원했으며 이에 따른 정책적인 변화가 이루어졌다.[41] 이외에도 개발원조에서 신자유의적 시각이 유입되면서 정부 대신 NGOs의 역할이 강조되고 국가의 제도적인 역량, 정치적 능력 등의 개념을 포괄하는 거버넌스(Governance)의 중요성, 개도국 간 협력을 의미하는 남남협력(South-

41 한국국제협력단(2013), op. cit., p. 56.

South cooperation)이 대두되었다.[42]

1990년대는 냉전의 종식과 세계화가 본격화된 시기이다. 이러한 국제환경의 변화에 따라 국제관계의 주요 이슈는 정치, 안보에서 경제, 사회적인 의제로 확대되었다. 또한 교통과 통신의 발달로 인해 지리적인 거리와 영토적인 국경의 의미가 상실되고 국가 간 상호의존성과 연계성이 높아지면서 인구, 국제이주, 질병, 환경 등 세계차원의 다양한 글로벌 이슈들이 등장하였다.

한편, 개발협력에서 빈곤의 다면적인 측면이 강조되면서 역량개발의 이슈가 중시되었다. 특히, 환경의 문제가 글로벌 과제로 중시되면서 기존의 환경과 개발의 대립이 아닌 환경과 개발의 조화를 의미하는 지속가능한 개발(Sustainable Development)의 개념이 대두되었다. 이외에도 개발의 대상이 되는 주체들이 개발의 과정에 적극적으로 참여함으로써 수원국의 중앙정부, 지방정부, 지역주민의 주도와 참여를 통한 개발의 방안으로서 참여적 개발(Participatory Development)이 논의되었다.

2000년대 MDGs와 원조효과성 제고가 대두되었으며, DAC의 빈곤감소 가이드라인에 의하면 효율적이고 지속가능한 빈곤퇴치 전략은 다음과 같은 정책을 포함하고 있다.[43]

첫째, 빈곤층의 생산성과 소득증대를 통해 빈곤 감소에 기여하는 성장(Pro-poor Growth)으로 빈곤의 감소를 위해 경제성장이 필요하나 성장의 속도, 질(Pace and Quality), 패턴에 주목할 필요가 있다.

둘째, 빈곤층의 역량과 권리 강화 그리고 빈곤 친화적 정부(Pro-poor Governance)가 필요하다. 이는 정책수립과 집행과정에서 빈곤층이 영향

---

42 Ibid., pp. 56-57.

43 OECD DAC(2001), op. cit., pp. 44-49.

력을 끼칠 수 있도록 빈곤층의 역량을 강화하는 것을 의미한다. 또한, 효율적인 민간부문, 기업경영, 지속가능한 개발 친화적인 정책을 수립하기 위해서는 적절한 행정, 법률과 재정기관이 필요하다.

셋째, 인간개발을 위해서는 질 높은 기초사회 서비스에 안정적으로 접근할 수 있어야 하며 이러한 기초 사회서비스에 대한 안정적인 접근은 빈곤층의 생산능력을 개선하고 경제성장으로 이어질 수 있도록 해야 한다.

넷째, 빈곤층은 식량 부족, 질병, 자연재해 등 다양한 위험에 직면하고 있는데 인간 안보(Human Security)란 취약성과 외부적인 충격에서 비롯되는 결핍으로부터 인간과 인간개발을 보호하는 것을 의미한다.

마지막으로 젠더와 환경 주류적인 측면을 강화함으로써 빈곤 극복과정에서의 장애요인을 제거하는 것이 필요하다.

[표 3-2] 시대별 빈곤 감소에 대한 접근법

시대	초점	국제환경 및 이론적 배경	원조형태
1940–1950년대	유럽 등 전후 국가의 재건	신생 독립국의 등장, 냉전 대규모 자본투입을 통한 경제성장, 마셜플랜	기술협력, 군사적 지원, 양자원조
1960년대	이데올로기적 성향에 따른 지원	냉전, 남북문제, 성장 중심과 재분배, 근대화이론, 종속이론	물자원조, 다자원조
1970년대	BHNs	빈곤에 초점, 석유위기로 인한 세계경제 위기, NIEO	프로젝트*
1980년대	구조조정	시장중심의 일률적인 거시경제 정책	SAPs, 굿거버넌스, 남남협력
1990년대	신자유주의	냉전체제의 종식과 세계화, 다차원적 빈곤, 성장의 구조와 질 강조, 지속가능한 개발, 참여적 개발	역량개발, 인도적 지원
2000년 이후	MDGs, 원조효과성 제고	빈곤감소, MDGs, 파리선언, 아크라 행동계획	PRSP, PBAs**, 예산지원*** 등

출처: 정우진(2011)을 토대로 작성

*프로젝트는 경제 및 기술적으로 지원 가능한 최소 개발원조의 형태로서 자원을 활용하여 혜택을 추구하는 다양한 활동을 의미함.

**프로그램 기반 접근Programme Based Approach, PBA)은 수원국 자체의 개발 계획(국가개발전략, 분야별 전략, 특정조직 혹은 기관의 개발계획 등)에 대한 수행을 공여국이 다양한 형태를 통해 지원하는 것을 의미함.

***예산지원(Budget Support)은 수원국 정부가 개발한 정책을 효과적으로 지원하기 위해 수원국 정부가 개설하여 지정한 계좌로 송금하는 형식을 통해 원조를 지원하거나 특정분야에 한정하여 예산을 지원하는 원조방식을 지칭함.

빈곤은 동태적인 개념으로 빈곤을 정의하는 방식은 시대와 지역에 따라 변해 왔다.

DAC 빈곤감소 가이드라인에서는 빈곤의 요인을 경제구조, 질 높은 자원의 이용 가능성과 접근성, 거버넌스와 공공서비스, 인구패턴, 사회적 소외, 외부적 충격과 갈등으로 분석하고 있다. 이러한 원인을 개선하기 위한 정책으로 빈곤 감소에 기여하는 성장(Pro-poor Growth),[44] 역량강화, 인간개발을 위한 기초사회복지, 성주류화와 성평등, 자연재해로 발생하는 피해를 경감하기 위한 정책으로 분류하고 있다. 또한 이러한 정책을 통해 인

---

44 친빈곤층 성장은 1974년 세계은행의 성장과 재분배(Redistribution with Growth)에서 기원을 찾을 수 있으며 불평등의 감소와 관련된 개념이다. 기존 성장의 과정에서 소외되었던 여성과 취약계층을 성장의 과정에 포함시켜 이들을 위한 이익과 직업 창출이 이루어질 수 있도록 하는 성장을 의미한다. Nanak Kakwan & Ernesto M. Pernia(2000), "What is Pro-Poor Growth", *Asian Development Review*, Vol. 18, No.1, pp. 1-4.

적, 경제적, 정치적, 사회문화적, 보호적인 영역에서 어떠한 결과를 도출해야 하는가를 제시하고 있다.

[표 3-3] 빈곤의 주요 요인에 따른 정책 및 결과

주요요인	정책	결과(주요지표)
①경제구조 -성장의 속도, 질, 패턴 -저축률, 투자율, 물가인상 -무역(시장접근, 교역 추이, 변동폭, 무역정책) -자산, 시장, 서비스 접근에 대한 불평등(성, 지역, 계급) -노동시장 조건 -노동 및 기타시장의 제도적 성차별 -지속가능하지 않은 자원이용 **②질 높은 자원의 이용 가능성과 접근성** -과도하게 개발되는 공공재를 포함한 천연자원 -물리적 자본(동물, 기구, 장비, 인프라) -인적, 사회, 금융자본 **③거버넌스와 공공서비스** -정치과정의 폭넓은 참여와 투명성 결여 -집회, 표현, 언론의 자유를 포함한 인권존중 결여 -부정부패, 비효율적인 공공복지 전달 -복지이용에 있어서 성, 인종차별 -빈곤층의 복지에 대한 제한된 접근, 낮은 질 -의사결정 구조의 중앙 집권화 **④인구패턴** -높은 인구증가율 -사망충격(HIV/AIDS 등) -지리적 고립, 이촌향도	**①빈곤친화적 성장** -예측가능하고 투명한 정책 결정 -거시경제안정 정책 -농업발전, 농촌개발촉진 -지역시장 개방 -자산의 생산과 분배 -여성의 시장접근성 강화 -금융부문개발, 감독, 금융자본에 대한 성적평등 -소액대출, 지역경제개발 촉진 -지속가능한 개발을 위한 국가전략에 성장정책 포함 **②역량강화, 권리, 빈곤친화적 경영** -법치주의, 인권 -빈곤을 위한 경제적, 사회적 권리 -공동체 신뢰강화를 위한 능력제고, 권리에 접근을 위한 역량강화 -집회의 자유, 적절한 직업 **③인간개발을 위한 기초사회복지** -빈곤퇴치, 성별에 초점을 둔 국가예산지출관리 -빈곤친화적 자원배분 -서비스 향상, 좋은 사회복지 운영 **④성주류화와 성평등증진** -외부변동의 영향과 충격, 계절적 변화에 대한 농촌인구의 대응, 농촌인구 생활분석을 통한 bottom-up정책수립	**①경제적 능력** -가계소비 빈곤발생률, 정도, 심각성 -빈곤층 자산포트폴리오 -남성과 여성의 소비 비율, 시간사용 **②정치적 능력** -역량결여에 대한 평가(참여적 빈곤평가) -지역의 권력관계와 역학 구조에 대한 조사 -의사결정과정에서 성균형 조사 -의사결정의 분권화 규제 **③인간능력** -저성장, 저체중, 영유아 사망률, 산모사망률 -HIV/AIDS사망률 -지역기반의 질병 감시지표 -교육 -학교의 성 균형 **④사회적 능력** -지역의 빈곤분석(참여적 빈곤평가) -성, 인종 등 사회 범주에 따른 사회참여 패턴 -지역사회단체 수, 활동 **⑤보호적 능력** -분쟁과 자연재해의 빈도와 영향 -인구이동 -행복자체평가(참여적 빈곤평가) -사회조사, 현장보고

⑤사회적 소외 –소외계층 –빈곤층의 최소한 사회적 기능 약화 혹은 부재 –사회적 편견으로 빈곤층의 요구 묵살 –경제적 빈곤으로 사회적 품위유지가 불가한 생활 강요 –가부장적인 문화적 패턴 –알코올 중독, 여성폭력 **⑥충격과 갈등** –전쟁으로 인한 인구변화 –내전, 자연재해 –경제적 충격, 사회분열	–농촌빈곤층을 위한 정책, 기관, 기구의 개혁 –농촌빈민의 물질, 인간, 금융, 자연, 사회 자본에 대한 접근개선 –식량안보 –공공/지역복지의 좋은 경영 –지속가능한 개발을 위한 국가전략에 따른 천연 자원 감시와 보호 **⑤자연재해로 발생되는 피해 경감** –평화구축과 재건지원 –민주적 경영 하 국가안보 지원 –시민사회발전, 문화다양성을 통한 사회통합 –재난, 경제적 충격에 대한 안전제공을 위한 자산 구축 –보호기능의 사회보장시스템 –사회적 소외계층의 식별을 위한 노력	

출처: OECD DAC(2001)을 토대로 작성

중남미의 빈곤과 불평등의 특성

유엔 라틴아메리카 경제위원회(CEPAL)와 유엔개발계획(UNDP)에 의하면 중남미의 불평등은 경제, 사회적인 이동성이 낮은 상황에서 "높고(high)", "지속적이며(persistent)" 세대를 거쳐 나타나고 있다.[45]

중남미의 빈곤은 유럽의 식민시대부터 비롯되었던 불평등한 토지제도와 원주민의 정치적 배제 등 역사적인 배경과 관련이 있으며 세계화와 신자유주의 이후 새로운 형태의 빈곤이 나타나게 되었다.

이러한 만성적인 빈곤의 재생산은 지역(도시와 농촌), 인종(원주민, 비원주민), 성(남성과 여성)과 연관되고 있으며 특히 원주민 인구비율이 높은 과테말라, 페루, 볼리비아와 같은 중남미 국가에서는 특정지역과 인종을 중심으로 빈곤이 나타나고 있다. 또한 신자유주의 이후 경제, 사회적인 위기로부터 생겨난 노년층, 청년층, 여성 노동자, 비숙련 노동자, 여성가구주 등은 새로운 취약계층으로 고려되고 있다.

빈곤에 대한 접근시각의 변화 흐름에 따라 중남미 국가들은 다양한 사회정책을 추진해 왔다.

1960년대 이전 산업화 단계에서 하향식 성장위주의 경제성장 정책, 인적자원의 역량 강화를 위한 교육의 확대, 도시지역의 주택과 공공보건 정책 및 사회 안전 제도를 구축하였다. 이외에도 노동자를 위한 최소 임금제의 도입, 고용계약과 해고조건 강화 등 고용안정을 위한 대책이 강구되었다.[46]

---

45 UNDP(2010), *Informe Regional sobre Desarrollo Humano, Costa Rica: Editorama*, p. 19.; 정상희(2011), "라틴아메리카 개발원조 환경과 한국의 정책과제", 『이베로아메리카 논문집』, 제13권 2호, p. 236.

46 정상희(2012), "라틴아메리카 사회정책에 함의된 시사점과 국별지원방안: 빈곤과 불평등 극복방안을 중심으로", 한국국제협력단, 『국제개발협력』, No. 3, p. 119.

1990년대 중반 이래 빈곤에 대한 개념과 접근법이 변화하고 성장의 양보다 질과 분배가 중시되면서 다양한 취약계층에 대한 포괄적인 성격의 사회보호 정책이 추진되었다. 특히, 1990년대 후반 국내적으로 발생한 신자유주의의 정책에 대한 반감으로 인해 대안세력으로 등장한 좌파정부들은 자원에 대한 국가의 권한을 강화하고 정부 주도의 소득 재분배에 초점을 맞춘 다양한 사회정책을 추진하였다.

중남미의 빈곤과 불평등을 극복하기 위한 사회정책

마르시아 빠르도(Marcia Pardo)의 분석처럼 중남미 국가에서 빈곤감소를 위해 추진해 왔던 사회정책들을 다음과 같이 유형별로 분류할 수 있다.[47]

첫째, 사회적 위험과 취약성 관리를 위한 정책으로 경제위기와 자연재해 발생 시 취약계층에게 발생될 수 있는 부정적인 영향을 예방, 대처, 완화하기 위해 추진되었다. 실업급여, 긴급 고용프로그램, 사회보장, 직접적인 사회지원 프로그램 등이 포함된다.

둘째, 소득이 부족한 계층을 대상으로 사회부조 프로그램이 실시되었다. 따라서 조건, 무조건적인 현금지원 프로그램과 식량, 물자지원 프로그램 등을 통해 빈곤층이 기본적인 물품과 서비스에 접근할 수 있도록 지원하였다.

---

47 Marcía Pardo(2013), *Reseña de Programas Sociales para la Superación de la Pobreza en América Latina*, Santiago de Chile: CEPAL; 정상희(2012), op. cit., p. 239.

셋째, 생산과 고용에 초점을 두고 취약계층의 소득창출과 역량강화를 위한 고용 프로그램, 직업능력강화 프로그램, 대출 및 소액대출 지원 프로그램을 추진하였다.

넷째, 1980년대 구조조정으로 인해 발생한 부정적인 영향을 최소화하기 위해 일시적으로 운영되었다가 영구적으로 전환된 사회투자기금을 통해 기본적인 사회 인프라를 구축하고 주거지원 프로그램을 실시하였다.

다섯째, 여성, 원주민, 아동, 여성가구주, 노년층 등 중남미 취약계층에 중점을 두고 이들의 다양성과 특성을 반영한 정책을 추진하였다.

[표 3-4] 중남미의 빈곤감소를 위한 사회정책 유형

정책유형	목적	프로그램 내용
①사회적 위험과 취약성 관리	경제위기와 자연재해 발생 시, 취약계층에게 발생할 수 있는 부정적인 영향을 예방, 대처, 완화	실업급여, 긴급고용 프로그램, 사회보장, 직접적인 사회적 지원, 긴급 사회지원
②사회부조	소득이 부족한 계층을 대상으로 이들이 기본적인 물품과 서비스에 접근할 수 있도록 지원	조건, 무조건적인 직접 현금 지급, 식량과 그 외 물자지원
③생산과 고용에 초점을 둔 공공프로그램	취약계층의 역량강화와 소득창출에 지원	고용프로그램, 직업능력강화, 대출과 소액대출, 자영업 지원
④사회투자기금	80년대 구조조정으로 발생한 부정적인 영향을 최소화하기 위해 일시적으로 운영되다가 영구적인 성격으로 전환	기본적인 사회 인프라 구축, 주거, 지역사회단체 지원
⑤특정 사회계층을 위한 프로그램	취약계층의 다양성 고려, 특정그룹의 수요를 반영한 정책수립	아동, 청소년, 여성가장, 장애인, 노년층, 특정 인종그룹

출처: Pardo(2003)

최근 중남미 사회보호 정책은 포괄적인 사회발전을 목표로 하고 있으며

이러한 정책의 추진과정에서 정부의 재분배 및 규제 역할이 확대되고 있다.

1980년대, 1990년대와 비교할 때 2000년대 이후 중남미 국가에서 추진되고 있는 사회정책에서 사회투자는 증가하고 있으며 시장의 불균형을 규제하기 위한 정부의 조정자로서 역할이 강조되고 있다. 또한 생산적인 노동인구와 공식부문의 노동자를 대상으로 했던 기존 정책에서 제한된 노동시장과 지역, 인종의 상황과 젠더에 대한 시각을 반영하고 빈곤층의 소득과 역량을 강화하기 위한 포괄적인 성격의 정책이 추진되었다.

[표 3-5] 중남미 사회정책의 주요변화

구분	1980년대-1990년대	2000년대 이후
사회투자	-세제 조정을 통한 사회투자 감소	-사회투자 확대
시장-정부의 역할	-상품과 서비스 배분에서 시장의 중심적인 역할 확대	-시장의 불균형 해결을 위한 국가의 규제적 역할 확대
중점방향	-긴급한 상황에 기반한 사회적 이전(transfer)	-소득과 역량강화를 중심으로 빈곤감소를 위한 포괄적인 정책추진
대상	-생산주체에 초점 -정규직 노동자(남성, 가장)	-생산주체, 성, 인종, 지역에 초점 -제한된 노동시장에서의 사회보호
운영제도	-비공적인 메커니즘	-사회적 권리에 기초한 사회적 협약

출처: Prado(2015)

중남미에서 빈곤감소를 위해 추진했던 혁신적인 사회정책의 대표적인 사례는 사회부조(Social Assistance) 혹은 사회이전(Social transfer) 프로그램의 일종인 조건부 현금이전(Conditional Cash Transfer, CCT)이다.

지난 20년간 중남미의 주요 국가에서 추진되어 왔던 CCT 프로그램은 기존 사회 보호 프로그램의 혜택에서 제외되었던 빈곤가구 내 임산부, 아동, 청소년 등 취약계층을 대상으로 하였다. 이들에 대한 직접적인 현금이전을 통해 단기적으로 빈곤층의 소득과 소비를 향상하고 중기적으로 보건, 교육, 영양상황을 개선하며 장기적으로 이들의 역량을 강화하여 세대간에 재생산되고 있는 빈곤을 단절하는 것을 목표로 하였다.

2000년대 중남미 지역에서 추진되었던 CCT 프로그램은 증가했으며 2010년 이후 안정적인 추세를 보이다가 2014년과 2015년 감소하였다. CCT로 인해 혜택을 받은 수혜자의 수는 1996년 백만 명 미만에서 2015년 지역 인구의 20%에 해당되는 1억3천2백만 명으로 증가했으며 빈곤층의 소득, 식량소비, 교육과 보건서비스 접근성이 개선되었고 인적역량이 강화된 것으로 평가받고 있다.[48]

CCT 프로그램에서 빈곤가구의 부모는 자녀를 학교에 보내거나 의료기관에 규칙적으로 방문하여 예방접종과 치료를 받게 하는 등 일정조건을 이행할 경우 보조금을 지원받고 있다. 이처럼 CCT 프로그램은 대규모 자본의 투자를 통한 성장 중심과 분배에 초점을 두었던 기존의 정책들과는 달리 빈곤가구에 초점을 두고 빈곤계층을 직접적으로 지원함으로써 이들의 수요를 우선적으로 반영했으며 참여적 접근을 통한 정책으로서 주목받았다.

CCT 프로그램에 대한 비판적인 평가도 존재하고 있다. 즉, 실질적인 빈곤감소와 소득의 재분배를 이루기 위해서는 정치, 경제, 사회구조와 연관된 제도적인 개선이 필요하며 사회구조 자체를 변화시킬 수 있는 근본적인 대책이 강구될 필요가 있다. 그러나 이러한 단기성 사회정책은 제도와 사회구조를 변화시키는데 한계가 있다. 이외에도 CCT 프로그램은 2000년

48 Simone Cecchini & Bernardo Atuesta(2017), "Programas de transferencias condicionadas en América Latina y el Caribe, Tendencias de cobertura e inversión", *Politicas Sociales 224*, Santiago de Chile: CEPAL, p. 21.

대 등장한 좌파정부를 중심으로 확대된 것처럼, 정치적인 이념과 연관되어 추진되었다. 따라서 정권이 변화하거나 정부의 정책방향이 달라질 경우 정책적인 지속가능성을 유지하기 어렵다. 또한 정부의 제도적인 역량과 투명성이 부족할 경우 선거 등에서 정치적인 목적을 위한 수단으로 변질될 수 있다. 한편, 젠더적인 시각에서 여성이 가구주인 경우 여성 가구주에게 프로그램의 실행 역할을 부여함으로써 여성에게 시간 빈곤을 야기하고 가정 내 전통적인 성역할을 공고화하며 사회보호제도의 보편적인 원칙에서 벗어날 수 있다는 비판에 직면하기도 하였다.[49]

[그림 3-4] 중남미의 CCT프로그램 추진현황(1996-2015)

단위: 수

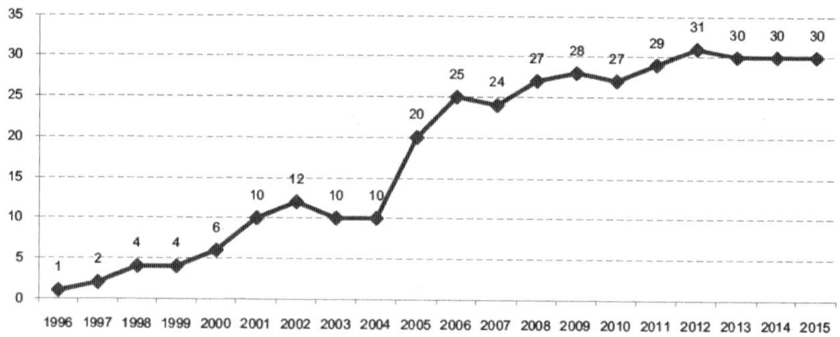

출처: Cecchini & Atuesta(2017)

향후 CCT 프로그램의 개선과 관련하여 정책적인 안정성과 지속성을 위한 명확한 법, 제도적인 토대를 강화하고 모니터링과 평가체계를 구축할 필요성이 제기되고 있다. 또한 참여적 접근에 기반을 둔 정책의 질 개선과 빈곤의 재생산을 단절하기 위해 고용정책과 직업훈련 프로그램 등과 연계

49 Ibid., p. 10.

한 정책 수립이 필요하다.

이와 같이 CCT 프로그램은 전통적으로 사회보호제도의 틀에서 제외되었던 빈곤층을 대상으로 했으나 향후 이들이 사회보호의 제도권 내에 편입될 수 있도록 발전시킬 수 있다.

중남미는 빈곤과 불평등이 감소했으나 최근 이러한 추세는 정체되고 있는 현상을 보이고 있다. 특히 중남미의 만성적인 빈곤과 불평등은 농촌, 원주민, 아프리카계 인종, 여성, 아동을 중심으로 나타나고 있다.

최근 중남미 국가들은 형평성에 초점을 둔 성장을 목표로 하고 있으며 노동시장과 사회보호 정책 추진에 중점을 두고 있다. 따라서 빈곤의 다차원적인 관점을 반영하여 빈곤의 원인과 특성을 분석하고 취약계층을 중심으로 지원하며 정치, 경제, 사회구조를 변화시킬 수 있는 종합적인 성격의 정책을 추진할 필요가 있다. 특히, 인간 전체 삶의 각 단계별로 나타나고 있는 요구에 충족하고 미래의 인구추이와 가족구조의 변화에 따라 보편적인 사회보호 제도를 추진하기 위한 사회적 합의가 필요하다.[50]

---

50 Antonio Prado(2015), *Sistema de Protección social en América Latina*, Santiago de Chile: CEPAL.

2. 젠더와 개발

젠더의 개념

남성과 여성을 생물학적으로 구분하는 용어가 "Sex"라면 "Gender"는 사회적으로 형성된 성의 개념이다. 젠더는 한 사회에서 남성과 여성에게 다르게 기대되는 기질, 행동, 역할, 남성과 여성 간의 관계를 일컫는 용어이다.

[Box 3-1] Sex와 Gender의 개념 차이

○ **Sex**: 여성과 남성이 태어날 때부터 부여받은 생물학적, 신체적 차이 (모든 사회에 공통적으로 적용)
○ **Gender**: 사회적으로 만들어진 개념("Gender refers to the socially constructed characteristics of women and men - such as norms, roles and relationships of and between groups of women and men. It varies from society to society and can be changed")

출처: http://www.who.int/gender-equity-rights/understanding/gender-definition/en/; 신혜수(2011)

여성은 가정, 노동시장, 정치적인 영역에서 일반적으로 남성보다 취약한 상황에 있다.

가정에서 여성은 가부장적이며 지배적인 사회구조에 종속되어 있다. 이러한 억압적인 관습, 사회, 문화적인 틀 내에서 여성은 가사와 육아 등 무임금 노동에 종사함으로써 전통적으로 공고화된 성의 역할을 수행하고 있으며, "시간빈곤(Time Poverty)" 상황에 처해 있다. 이처럼 시간의 소비와 배분상황은 개인의 기회와 역량에 영향을 주고 있으며 여성은 가사일과 무임금 노동 활동에 많은 시간을 소비하면서 교육에 대한 접근성 뿐 아니라 경력과 승진이 보장되는 공식적인 부문과 생산성이 높은 분야에

종사할 수 있는 기회를 제한받고 있다.[51]

정치적인 영역에서 여성은 정책결정 과정에서 소외되고 있다. 따라서 중남미 국가 등 개도국들은 여성할당제를 통해 정치적 결정과정에서 여성의 참여를 확대하였다.

UNDP에서는 여아 영아살해, 초등, 중등교육에서 낮은 등록율, 보건서비스에 대한 불충분한 접근, 높은 모성사망 위험, 돌봄 노동의 의무, 낮은 노동시장 참여율, 노년기의 사회보호 제도와 연금에 대한 낮은 접근성 등 여성 인생의 전 주기를 통한 박탈상황을 분석하고 있다.

젠더의 관점을 반영한 개발협력은 정책의 결정이 남성과 여성에게 어떠한 영향을 미칠가를 분석하고 여성과 남성의 관심과 요구를 반영하여 정책을 수립, 이행, 모니터링, 평가하는 젠더 주류화 전략(Gender Mainstreaming)을 통해 남녀 간 권력관계의 근본적인 변화를 추구하는 성 평등과 여성의 역량을 강화하는 것을 목표로 한다.[52] 따라서 개발협력을 통해 개도국의 남성과 여성 사이에 존재하는 격차를 감소시키며 여성의 기회, 자원에 대한 접근성을 높이고 관리할 수 있다. 또한 개발성과와 관련된 불평등을 감소시키며 여성과 여아가 자신의 권리와 잠재력을 실현할 수 있도록 역량을 강화한다.[53]

---

51 정상희(2014), "젠더의 관점에서 바라본 과테말라 여성빈곤 실태연구", 『젠더와 문화』, 제7권 2호, p. 55.

52 신혜수(2011), "젠더와 개발", 『국제개발협력이슈』, 한국국제협력단 ODA 교육원 엮음, 성남: 한국국제협력단 ODA교육원, p. 101.

53 오은정(2013), 『Koica 성평등 개발협력사업 방안』, 성남: 한국국제협력단, p. 11.

[그림 3-5] 인생 전 주기에서 여성의 박탈상황

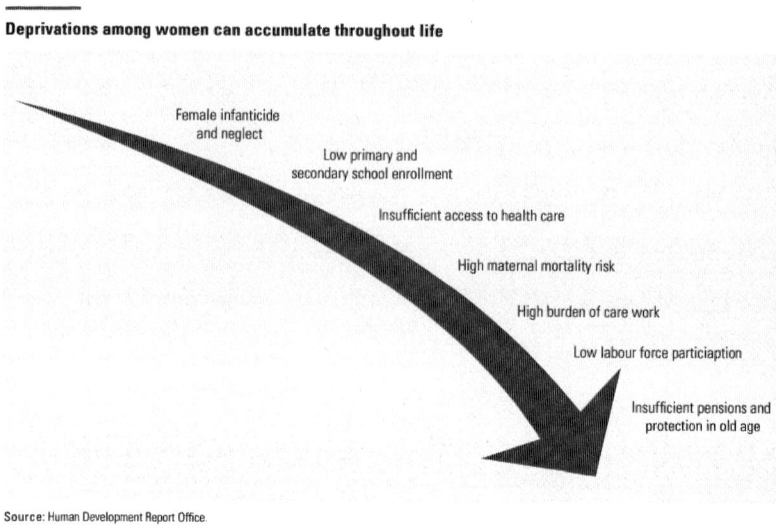

출처: UNDP(2016)

젠더와 관련된 국제적인 논의[54]

개발에서 성평등의 논의는 1970년대 개발에 여성의 통합(Women in Development, WDI)의 접근을 통해 이루어졌다. 가정의 소득수준 향상이 여성 삶의 개선으로 이어지지 않는다는 비판으로부터 WDI의 관점이 대두되면서 여성이 경제발전 과정에서 소외되지 않아야 한다는 측면이 강조되었다. 즉, 기존의 개발협력 프로그램의 대상은 경제활동 인구로 분류되는 남성이었으며 여성은 무임금 노동에 주로 종사하면서 비활동적인 경제 인구로 분류되었고 개발의 대상에서 제외되어 왔다. WDI를 통해 여성

54 한국국제협력단(2013), op. cit., pp. 154-156.; 신혜수(2011), op. cit., pp. 66-75.

이 개발의 주요한 대상으로 인식되었으나 기존의 전통적인 성역할에 대한 문제제기는 이루어지지 않았다. 또한 1979년 UN 여성차별철폐협약(Convention on Elimination of all forms of Discrimination Against Women, CEDAW)은 모든 영역에서 남성과 여성의 평등한 대우를 보장하고 여성의 법적지위와 시민권 보장을 통해 성불평등을 야기하는 차별적인 요소를 제거하고 적절한 조치를 강구하는 내용을 제안하였다.

1980년대 중반 젠더와 개발(Gender and Development, GAD)의 관점이 대두되었고 Sex와 구분된 젠더의 개념을 통해 남녀 간 근본적인 불평등한 권력관계에 대해 주목하고 여성의 권한강화(Empowerment)를 통해 경제성장과 발전을 도모하는 정책과 전략을 추구하였다.

1995년 여성에게 불평등한 사회적 제약 요인들을 국가차원에서 개선하고 특히, 빈곤, 교육, 건강, 여성에 대한 폭력, 무력분쟁, 경제, 권력과 의사결정, 여성의 지위향상을 위한 제도적 장치, 여성인권, 미디어, 환경, 여아 등 각 국가가 개선해야 하는 구체적인 전략과 목표가 포함된 북경 선언과 행동강령(Beijing Declaration and Platform Action)이 수립되었다. 이러한 분야에서 성인지적인 관점을 모든 정책과 프로그램 전반에 반영하는 성주류화 전략(Gender Mainstreaming)이 채택되었으며 정책과 의사결정과정에서 여성의 참여를 강조하였다.

2000년 MDGs 목표에 '성평등 증진 및 여성역량 강화'가 포함되면서 개발협력에서 젠더의 중요성이 강조되었고 SDGs에서 '양성평등 달성 및 모든 여성과 소녀의 권익 신장' 이라는 목표로 발전되었다.

SDGs에서는 MDGs의 한계로 언급되었던 성차별적 구조에 대한 개혁이 언급되어 있으며 정책대상자의 범위를 여성 뿐 아니라 소녀로 구체화하여 명시하고 있다. 또한 이들에 대한 폭력과 미성년 결혼 근절, 경제권 및 역량강화 등 여성의 권리를 보장하기 위한 내용이 반영되어 있으며 목표별 젠더 주류화 전략(Gender Mainstreaming)의 접근시각이 고려되고 있다.

젠더 불평등과 젠더 격차를 측정하는 국제적인 기준

젠더 불평등과 젠더 격차를 측정하는 국제기준으로 세계경제포럼(World Economic Forum)의 글로벌 젠더 격차지수(Global Gender Gap Index, GGGI), OECD의 사회적 제도 및 젠더 지수(Social Institutions and Gender Index, SIGI), UNDP의 젠더 불평등 지수(Gender Inequality Index, GII)가 있다.

글로벌 젠더격차지수(GGGI)는 한 국가에서 경제적 참여와 기회, 교육의 접근, 건강 및 생존과 정치적 역량 등 네 가지 영역에서 성별 간 격차를 측정하고 있다.

2009년 발표된 사회적 제도 및 젠더 지수(SIGI)는 불평등한 성별 역할 및 관계를 유발하는 사회적인 제도와 관습에 초점을 두고 있으며 따라서 가족규범 및 관습, 신체적 안전, 남아선호, 시민권적 자유, 소유권 등 5가지 영역에서 젠더 불평등을 측정하고 있다. 이 기준에는 사회적인 제도, 젠더 격차를 발생시키는 원인과 사회구조에 초점을 두고 있다.

젠더 불평등지수(GII)는 UNDP의 여성개발지수(Gender-related Development Index, GDI)와 여성권한척도(Gender Empowerment Measure, GEM) 등 기존에 사용했던 지표들을 보완하여 2010년 새롭게 발표되었다. 생식보건(모성사망률, 청소년출산율), 역량(국회의석 성비, 남녀의 중등교육이상 교육성취 수준) 및 노동시장(남녀의 노동력 참여율)이라는 세 가지 영역에서 남녀 간 불평등을 측정하고 있다.

[표 3-6] 대륙별 젠더 불평등 지수(GII)

지역	젠더 불평등 지수 (2015)	모성사망비 (십만명당)	청소년 출산율 15-19세 여성 1,000명당 (2015)	국회 여성의 석비율 (2015)	중등교육 이상 인구 25세 이상 (2005-2015)		노동력 참여율, 15세 이상 (2015)	
					여	남	여	남
아랍국가	0.535	142	47.7	15.5	41.6	52.3	22.3	75.1
동아시아 및 태평양	0.315	63	23.1	19.6	64.1	73.0	62.3	79.1
유럽 및 중앙아시아	0.279	24	26.6	19.0	78.1	85.7	45.4	70.5
중남미	0.390	67	64.3	28.1	57.8	58.1	52.8	76.6
남아시아	0.520	175	33.7	17.4	36.9	58.6	28.3	79.4
사하라이남 아프리카	0.572	551	103.0	23.3	25.3	33.9	64.9	76.1

출처: UNDP(2016)

이상과 같이 젠더상황을 측정하기 위한 국제적 기준들은 정치, 경제, 사회, 문화 등 다양한 구조적인 영역의 특성을 반영하는 지표들로 구성되어 있다.

Heywood(2013)은 세계화로 인한 경제의 재구조화는 젠더에 영향을 미치고 있는데[55], 우선 서비스 분야의 확대로 여성의 고용기회가 증가했으며 글로벌 차원에서 '일의 여성화'가 이루어졌다. 이러한 상황은 특히 개도국 여성의 고용기회를 확대했으나 반면 '여성화된 핑크칼라' 직업이 양산되며 이들은 저임금과 근로의 권리를 갖지 못한 채 가정노동에도 종사해야 하

55 Andrew Heywood(2013), op. cit., pp. 429-430.

는 이중의 부담에 직면하게 되었다. 또한 '이주의 여성화'가 발생했는데 개도국 여성들은 돌봄 노동이 필요한 선진국으로 이주하면서 고국에 송금을 통해 가족의 생계를 지원하는 역할을 하게 되었다.

이와 같이 개발협력에서 젠더에 대한 분석과 이를 반영하는 추세가 강화되고 있으며, 국제사회는 성평등과 여성의 역량강화를 직접적인 목표로 하는 프로그램 뿐 아니라 범주류적인(Cross-cutting)시각을 통해 여성의 취약상황을 이해하고 극복하기 위해 모든 프로그램에서 젠더적인 시각을 고려하고 있다.

중남미에서 젠더와 관련하여 언급되는 사회적 현상은 여성가구주(Female-headed Household)이며 이들의 비율은 증가추세를 보이고 있다. 특히, 여성가구주의 증가와 관련하여 "빈곤의 여성화(Feminization of Poverty)" 현상에 대한 논의가 이루어져 왔다. 즉, 남성이 가구주인 경우 일반적으로 가사 일에 종사하는 여성이 있으나 여성가구주는 가사일과 임금노동을 병행하는 경우가 흔히 발생한다. 이로 인해 여성가구주는 남성보다 적은 임금을 받고 비공식 부문에 종사할 가능성이 높아진다. 이외에도 미성년 결혼이 감소하는 추세이나 아직까지 15-19세 사이 청소년 임신율이 여전히 높은 편이다. 어린나이에 어머니가 되는 여성은 제도권 내의 교육과정을 이수하기 어려우며 학업을 중단해야 하는 상황에 처하기 쉽

다. 따라서 향후 이들은 개인적인 기회와 역량, 고용시장에 대한 접근성에서 제한을 받게 된다. 이는 궁극적으로 자녀의 취약성과 연관되며 세대 간 빈곤의 재생산에 영향을 끼치게 된다.

3. 환경과 개발

환경과 관련된 국제적인 논의

환경문제는 지리적인 개념을 넘어선 전 지구적인 차원에서 다루어지는 글로벌 과제 중 하나이다.

1970년대 이전 국제사회에서 자원의 적극적인 활용을 통한 개발에 초점을 맞추었으나 1972년 유엔인간환경회의(United Nations Conference of the Human Environment, UNCHE)에서 환경을 고려한 개발에 대한 논의가 이루어졌다.

1980년대 지속가능한 개발에 대한 개념이 처음으로 제시되면서 1990년대 환경을 고려한 개발의 논의가 확대되었다. 또한 지속가능한 개발의 개념은 1992년 유엔환경개발회의와 2002년 지속가능개발 세계정상회의 등 주요한 국제환경 회의를 통해 점진적으로 발전해 왔다.

중남미의 환경은 유럽국가에 의한 식민시대부터 착취의 대상이 되어 왔으며 산업화 과정을 거치면서 환경과 개발간의 조화를 통한 발전은 중남미 국가들의 과제 중 하나였다. 따라서 지속가능한 개발 개념은 중남미 국가들의 새로운 발전전략으로 도입되었다.

중남미는 전 세계 생물의 다양성과 풍부한 자연자원을 보유하고 있는 지역으로서 환경문제에서 세계적으로 주목받고 있다. 지진, 홍수, 허리케인 등으로 인한 자연재해와 최근 산업화 과정에서 발생하는 산림파괴, 토양오염, 수질오염 등 다양한 환경오염 문제에 직면해 있다.

다음은 연대별 주요한 국제환경 회의를 기술하였으며[56] 이처럼 환경에 대한 국제사회의 논의를 통해 환경과 개발의 개념과 인식에 대한 패러다임 변화를 살펴볼 수 있다.

- 1972년 스톡홀름에서 개최된 유엔인간환경회의(United Nations Conference for Human Environment, UNCHE)는 환경문제를 국제적인 아젠다로 다룬 최초의 범세계적인 회의였다. 지구를 보호하기 위한 국제개발협력 방안이 모색되었으며 환경오염 물질의 적발과 규제, 천연자원 관리의 환경적 측면, 환경과 관련된 국제기구 유엔환경계획(United Nations Environment Programme, UNEP)의 창설이 논의되었으나 선진국과 개도국간의 환경에 대한 인식차이로 구체적이며 의미 있는 성과를 달성하지 못했다.
- 유엔 세계환경개발위원회(World Commission on Environment and Development, WECD)가 설립되었으며 이 위원회에서는 1987년 지속가능한 개발의 개념이 최초로 제시된 "우리 공동의 미래 Our Common Future"라는 보고서의

56 임소영(2011), "환경과 개발", 『국제개발협력이슈』, 성남: 한국국제협력단 ODA교육원, pp. 113-120; 권기수 외(2012), 『중남미의 개발수요와 한국의 분야별 ODA추진방안』, 서울: 대외경제정책연구원 참조.

발표를 통해 환경이슈를 이해하기 위한 주류적인 틀을 제공하였다. 지속가능한 개발은 "미래 세대의 욕구를 제약하지 않으면서 현세대의 욕구를 만족시키는 개발(Development that meets the needs of the present without compromising the ability of future generations to meet their own needs)"로 정의되고 있다. 이는 경제, 사회, 환경부문이 밀접하게 조화를 이룰 때 국가의 발전이 지속가능해진다는 의미를 포함하고 있다. 또한 지속가능한 개발은 두 가지의 핵심적인 개념을 포함하고 있다.[57] 첫째, 세계 가난한 지역의 요구(need)로서 가난한 지역에 대한 우선적인 관심이 필요하다. 둘째, 현재와 미래의 요구를 충족시키는 과정에서 발생하는 제한으로 환경문제에 대한 책임은 국가와 사회조직에게 부여된다.

- 유엔 환경개발회의(United Nations Conference on Environment and Development, UNCED)는 1992년 브라질 리우데자네이루에서 개최되었으며 지속가능한 개발이라는 발전개념을 도입하였다. 환경과 개발의 이분법적 구도를 두 요소의 통합을 통한 지속가능한 개발의 패러다임으로의 전환을 통해 환경보전과 개발을 조화시킬 수 있는 구체적인 방안을 제시한 리우선언을 채택하였다.
- 2002년 지속가능개발 세계정상회의(World Summit on Sustainable Development, WSSD), 리우+10은 지속가능한 개발 패러다임에 대한 명확한 개념을 제시한 회의로서 자연자

57 Andrew Heywood(2013), op. cit., p. 398.

원에 대한 보호, 빈곤퇴치, 위생, 보건, 교육 등과 같은 사회경제적인 사안을 부각시키고 경제, 사회, 환경의 세 측면이 균형있게 발전되어야 한다고 강조하였다.

- 2012년 지속가능한 개발에 관한 유엔회의(UN Conference on Sustainable Development, UNCSD), 리우+20 환경회의는 1992년 개최되었던 유엔환경개발회의(UNCED)의 후속으로서 지속가능한 개발에 관한 정치적인 의지를 선언하였다. "우리가 원하는 미래(The future we want)"라는 선언문을 채택했으며 지속가능한 발전에 대한 국제사회의 발전방향을 제시하였다. 빈곤, 소비양식의 변화, 식량, 에너지, 식수, 생물의 다양성 등 환경을 위한 목표를 제시하고 SDGs의 도입을 통해 지속가능한 개발의 논의를 발전시켜 가고 있다.

환경과 빈곤퇴치를 연계시킨 대표적인 국제적 합의는 MDG 7(지속가능한 환경보전: Ensure Environmental Sustainability)이다. 빈곤층은 환경과 천연자원에 대한 의존도가 높고 자연재해에 적절하게 대응할 수 있는 기반시설과 재정적인 능력이 부족하다. 이러한 맥락에서 빈곤층은 기후변화 등 자연재해에 취약하며 개발과 환경이슈는 유기적인 연계성이 있다.

이처럼 개발협력에서 환경이슈는 개발협력 프로그램의 결과로 발생할 수 있는 환경문제에 사후적으로 대처하는 것이 아닌 개발의 전 과정에서 야기될 수 있는 환경적 악영향을 사전에 고려함으로써 환경을 개발에 통합하는 범주류적인(Cross-cutting)이슈로서[58] 인식이 확대되고 있다.

---

58 임소영(2011), op. cit., p. 131.

기후변화

산업혁명 이후 급증한 이산화탄소 등 온실 가스는 지구 온난화의 원인이 되고 있으며, 1980년대 중반부터 지구 온난화로 야기된 기후변화에 대처하기 위한 국제사회의 노력이 전개되었다.

1988년 기후변화에 대한 의제가 국제환경의 이슈에서 다루어지면서 국제기후변화위원회(International Panel On Climate Change, IPCC)가 창설되었다.

1992년 기후변화에 관한 유엔 기본협약(United Nations Framework Convention on Climate Change, UN FCCC)이 체결되면서 국제사회는 온실가스를 안전한 수준까지 안정화시키는 것에 합의했으나 환경문제의 해결은 "공통의 그러나 차별화된 책임(Common but differentiated Responsibility)"으로 고려되었다. 이는 전 세계 국가들에게 공통적으로 책임이 있으나 선진국은 더 큰 책임감을 느끼며 개도국에 대해 친환경기술과 재정적인 지원을 해야 한다는 의미를 함축하고 있다.

1997년 교토의정서를 통해 기후변화협약이 구체화되었다. 선진국은 온실가스의 감축을 위한 목표치를 규정하고 법적 구속력이 있는 목표를 채택하였다. 이후 덴마크 코펜하겐, 멕시코 칸쿤, 남아프리카 더반에서 기후변화 회의가 지속적으로 개최되어 왔으나 지불비용으로 인해 온실가스 배출과 관련된 주요 당사국들의 태도는 소극적이었다.

이처럼 기후변화는 선진국과 개도국 간의 갈등을 야기하고 있다. 개도국의 시각에서 오늘날 기후변화 이슈는 선진국이 과거 산업화 과정에서 배출하기 시작한 탄소의 축적으로 인해 대두되었으며 이를 해결하기 위한 선진국의 역사적인 책임의식을 강조하고 있다. 선진국의 시각에서 최근 중국, 인도와 같은 급속한 산업화 단계에 있는 국가들은 기후변화를 해결하기 위해 적극적으로 역할 해야 한다.

이처럼 기후변화가 인류에게 미치는 부정적인 영향들은 심각하게 논의되고 있으며 홍수, 질병, 해수면 상승, 가뭄, 사막화로 인해 식량, 물 부족, 질병의 위험이 초래될 수 있다.

기후변화에 대한 대응은 완화(Mitigation)와 적응(Adaptation)을 통해 이루어지며[59] 각 국가들은 완화에서 적응으로 전환하기 위한 정책을 추진하고 있다. 완화는 이산화탄소, 메탄, 아산화질소 등 온실가스 발생원을 감축하고 흡수원을 증가시키기 위한 인위적인 조정행위를 지칭한다. 신재생에너지의 이용, 에너지 효율제고, 조리, 온실가스 포집 및 저장 등은 완화를 위한 정책의 사례이다. 적응은 기후변화에 맞도록 변화시키는 것으로 자연 또는 인간이 기후변화에 적응하는 것을 의미한다. 적응과 관련한 활동으로 환경규제, 제도의 수립, 수자원 공급, 자연재해 예방 등을 언급할 수 있다.

기후변화에 대처하기 위해서는 화석연료에 의존하는 기존 경제개발의 방식을 전환하는 것이 필요하다. 이러한 맥락에서 세계 각국들은 협력체계를 구축하며 공동대응을 위한 정치적인 의지가 필요하다.

기후변화로 인해 발생하고 있는 다양한 문제들은 중남미 각국에 영향을 끼치고 있다.[60] 유엔 중남미경제위원회(ECLAC)는 중남미 지역의 평균기온이 2050년까지 2.5도 상승한다면 국내총생산의 불확실성은 1.5~5%가 높아질 수 있다고 예측하고 있다. 또한 기후변화로 인해 생태계가 파괴된다면 중남미 국가의 주요산업 분야인 농업, 어업, 관광업 등에 심각한 영

---

59 임소영(2011), op. cit., p. 124.

60 http://gcc-kolac.com/webzine/new_webzine_sub.asp?cn_idx=308&wb_idx=58(검색일: 2015. 3.15).

향을 끼칠 수 있으며 이는 주요 산업부문에서 일자리 감소현상과 지역주민의 생계에 위협을 야기할 수 있다. 또한 농업부문에서 식량가격의 상승으로 이어지며 빈곤층의 증가에 영향을 끼칠 수 있다. 이외에도 보건부문에서 스트레스, 말라리아, 뎅기열, 콜레라 등 다양한 전염성 질병이 발생할 수 있다.

이와 같이 기후변화로 인해 나타나는 문제들은 환경 분야에서만 국한되지 않으며 경제, 사회적인 문제로 확대되어 결국 인류의 생존과도 직결될 수 있다. 특히, 빈곤계층일수록 기후변화에 취약하며 취약계층의 빈곤과 불평등은 심화될 수 있다.

중남미 주요 국가들은 산업, 교통, 농업, 산림, 폐기물과 관련하여 온실가스를 배출하고 있으나 세계 기후변화에서 결정적인 영향을 끼치지 않고 있다. 그러나 이들은 세계 기후변화로 인해 발생될 수 있는 다양한 취약상황에 직접적으로 노출되어 있다.

중남미 국가들은 환경적인 측면에서 다음과 같이 다양한 접근방안을 통해 개발의 새로운 패러다임으로 고려되는 공평하고 지속가능한 발전을 달성하기 위한 정책을 추진하고 있다.[61]

제도적인 차원에서 바이오 경제에 기반한 국가전략의 틀을 발전시키며 생물의 다양성을 보존하기 위해 규제와 제도적인 틀을 강화하고 청정에너지 생산과 활용에 대한 연구, 개발, 혁신을 위한 정책을 강화하고 있다.

또한 중남미 지역은 수력, 태양열, 지력 등 신재생에너지의 생산에서 장점을 보유하고 있으며 이를 기반으로 화석연료에 대한 보조금을 줄이고

---

61 CEPAL(2016), *Horizontes 2030, La igualdad en el centro del desarrollo sostenible, Trigesimo sexto periodo de sesiones de la CEPAL*, Santiago de Chile: CEPAL, pp. 165-166.

탄소배출 산업분야에 대한 과세 등 규제 강화를 통해 신재생에너지의 생산과 활용을 확대하면서 기존의 생산, 소비방식과 규제를 위한 법, 제도적인 변화를 모색하고 있다.

이외에도 빅데이터 등 기술적인 발전을 활용하여 지능형 도시관리시스템과 대중교통 등 인프라 분야, 바이오기술에 기반한 경제체제 구축, 신재생에너지의 생산 확대를 위해 재정적인 지출을 확대하고 있다.

또한 젠더적 시각이 반영된 기후변화 정책의 수립 필요성에 대한 인식이 확대되고 있다. 젠더와 기후변화의 관계에 대한 실증적인 연구는 이루지지 않았으나 기후변화는 남성과 여성에게 다른 영향을 끼치고 있으며 남성과 여성의 행동양식과 소비 형태는 기후변화에 영향을 끼치고 있다. 즉, 기후변화는 가정, 노동, 정치적인 영역에서 취약계층인 여성의 복지, 시간, 생계의 기회, 건강에 영향을 끼치고 있으며 여성은 가사일과 농업분야 등 기후변화에 직접적이며 민감한 영향을 받는 삶의 양식과 연관되고 있다. 따라서 기후변화에 대응하기 위한 정책을 수립하고 이행하는 과정에서 여성의 주체적인 역할과 참여가 필요하다.

따라서 중남미 각 국가들은 전력공급과 신재생에너지의 활용을 위한 프로그램 수립과 이행과정에서 여성의 수요를 충족하고 여성에게 창업기회를 제공하며 여성과 지역사회 여성단체의 참여를 확대할 수 있는 제도적인 체제를 구축함으로써 기후변화 정책에서 여성의 경제적, 정치적 역량을 제고하고 있다.[62]

---

62 Marina Casas Varez(2017), *La transversalización del enfoque de género en las políticas públicas frente al cambio climático en América Latina*, Santiago de Chile: CEPAL y UNION EUROPEA.

CHAPTER

4

국제개발협력의 관점에서 바라본 중남미

4장

국제개발협력의 관점에서 바라본 중남미

1. 중남미 개관

중남미는 33개 독립국으로 이루어져 있으며 전 세계 면적의 15%를 차지하고 있다. 2016년 기준 약 6억 3천만 명의 인구가 거주하는 거대한 대륙이다.

중남미는 유엔 등 국제기구에서 "Latin America and the Caribbean Countries(라틴아메리카와 카리브국가)"라는 공식명칭으로 불리고 있으며 이는 미국과 캐나다를 제외한 멕시코 이남의 아메리카 대륙 전역과 카리브 제도를 포함하고 있다. 또한 용어에서 '라틴'은 라틴문화권, 즉 스페인, 포루투갈, 프랑스와의 문화적 연계성을 강조하고 있다.

우리는 '중남미'와 관련하여 빈곤, 불평등, 정치 불안, 폭력, 마약 등 부정적인 이미지를 흔히 연상하며 중남미는 스페인과 포루투갈 등 유럽의 식민지였으며 이들의 영향으로 언어, 문화적인 측면에서 공통성을 보유한 대륙으로 인식하고 있다. 그러나 중남미는 지리, 정치, 경제, 사회, 문화적인 측면에서 공통성과 동시에 다양성을 가진 대륙이다.

최근 중남미 국가들은 정치, 법, 제도적인 측면에서 민주적인 역량이 개선된 것으로 평가받고 있다.

경제적인 측면에서 석유와 천연가스 등 흔히 언급하는 전략적인 원자재를 보유한 국가를 중심으로 경제규모가 빠르게 성장해 왔으며 이들은 중국의 산업화 과정에서 급증한 원자재의 수요로 인해 양적인 성장을 달성할 수 있었다.

사회, 문화적인 측면에서 빈곤, 불평등, 마약, 폭력, 부패 등 다양한 사회문제들에 대응하고 있다. 또한 원주민 인구비율이 높고 원주민 문화의 정체성이 강하게 남아있는 국가들은 원주민과 비원주민 등 인종 간 발생하는 불평등으로 인해 갈등과 정치적인 불안정 상황이 지속되는 경향을 보여 왔으며 이와 관련된 사회운동이 급증하면서 원주민의 정체성 확립과 사회통합의 문제가 대두되었다.

[표 4-1] 원주민 비율

구분	국가
40%이상	볼리비아, 과테말라, 페루, 에콰도르
5-20%	벨리즈, 온두라스, 멕시코, 칠레, 엘살바도르, 가이아나, 파나마, 수리남, 니카라과
1-4%	가이아나, 파라과이, 콜롬비아, 베네수엘라, 자메이카, 푸에르토리코, 트리니닫토바고, 도미니카, 코스타리카, 과달루페, 바르바도스, 바하마, 마르트니크, 안띠구아바부다, 아르헨티나
1%이하	브라질, 우루과이

출처: 강석영(2003), Jordan Pando(1990) & Instituto Indigenista Interamericano 재인용

식민시대를 거치면서 중남미 국가들에게 나타난 가장 큰 변화는 인구구조이다. 이 지역의 인구 구조는 다음과 같은 변화를 겪게 되었다.[63]

- 원주민들의 인구는 감소했으며 어떤 지역에서는 완전히 사라졌다.
- 아프리카인들은 노예가 되어 아메리카로 강제 이주되었다.
- 비교적 적은 수의 유럽인들이 식민시대에 중남미로 이주하였다.
- 원주민, 아프리카인, 유럽인 사이에 혼혈이 탄생하였다.

이러한 과정에서 중남미 국가들은 인종적인 다양성을 보유하게 되었고 이는 사회, 문화적인 영역에 큰 영향을 끼치고 있다. 개발협력 사업을 추진하는 과정에서 이러한 중남미의 사회, 문화적인 특성을 고려할 필요가 있다.

63 브라이언 W. 블루엣·올린 M. 블루엣(2013), 『라틴아메리카와 카리브해, 주제별 분석과 지역적 접근』, 김희순·강문근·김형주 옮김, 서울: 까치글, p.101.

[표 4-2] 중남미 개관

지역	33개 독립국
인구	637,664,490명 (2016년)
인구증가율	1% (2015-2020년)
기대 수명	75세 (2016년)
면적	약 2,053만 km2 (한반도의 93.5배, 전 세계 면적의 15%)
언어	스페인어 (18개국), 포르투갈어(브라질), 영어(카리브 12개국), 불어(아이티), 네덜란드어(수리남)
인종	메스티조(Meztizo), 끄리오요(Criollo), 아프로 아메리칸(Afro-american) 등
문해율 (15세 이상)	93% (2010년)
GDP	5.2조 달러, 1인당 8,156달러 (2016년)
GDP성장률	-1.7% (2016년)
실업률	8.1% (2016년)

출처: World Bank(2016)

중남미 국가들은 정치, 경제적인 통합체 결성을 통해 대외관계에서 다변화를 추구해 왔으며 한국, 중국, 일본 등 아시와 국가와의 자유무역협정(FTA)을 통한 새로운 성장의 동력을 모색하고 있다. 1990년대 후반 중남미 좌파정부가 수립되면서 경제적인 성격의 지역통합체 뿐 아니라 남미국가연합(Unión de Naciones Suramericanas, UNASUR), 아메리카를 위한 볼리바르 동맹(Alianza Bolivariana para los Pueblos de Nuestra América, ALBA), 중남미 카리브 국가공동체(Comunidad de Estados Latinoamericanos y Caribeños, CELAC) 등 정치적인 성격의 통합체 결성과 활동이 활발하게 이루어졌다.

2. 권역별 접근

중남미 국가들에 대해 다양한 기준을 통해 권역별로 구분하여 접근할 수 있다. 이러한 권역별 구분은 지정학적 체계, 인문학적 연관성, 문화적인 특성에 따라 분류할 수 있다.

아래 표에서는 지리적인 기준을 통해 카리브 지역(13개국), 북중미(멕시코 포함 8개국), 남미(12개국)로 구분하였다.

카리브

카리브 지역에서는 식민지배 이후 노예제를 중심으로 유럽인에 의한 사탕수수 플랜테이션이 널리 보급 되었고 스페인, 영국, 프랑스, 네덜란드 등 유럽 제국주의 국가들 간 치열한 각축전이 벌어졌다.[64] 유럽 정복자들이 도착한 최초의 지역이며 유럽의 전염병이 유입되어 원주민 인구가 급격히 감소 또는 절멸하였다. 이로 인해 아프리카인들은 노예가 되어 강제 이주되었다. 따라서 이 지역은 유럽, 원주민 뿐 아니라 아프리카의 인종, 문화적 요소가 영향을 끼친 지역이다.

또한 아프리카인 뿐 아니라 아시아 계약 노동자들도 이곳으로 이주하여 더욱 다양한 인종사회가 구성되었다. 따라서 카리브 지역과 관련하여 "외부에서 유입된 사람, 식물, 동물로 이루어진 세상이다." 라고 비유적으로

---

64 브라이언 W. 블루엣·올린 M. 블루엣(2013), 『라틴아메리카와 카리브해, 주제별 분석과 지역적 접근』, 김희순·강문근·김형주 옮김, 서울: 까치글, p. 242.

언급되기도 하였다.[65]

이 지역은 도서국가로서 영토가 작고 농업이 제한적으로 이루어지고 있으며 관광업에 의존하고 있다. 지역 주민들은 미국, 캐나다, 유럽 등 선진국으로 이주한 이민자들이 본국에 송금하는 돈에 의존하여 살아가고 있다. 역사적으로 미국, 영국, 네덜란드, 프랑스 등 다양한 열강이 지배했던 지역으로서 인종 뿐 아니라 언어와 문화적으로 다양성을 보유하고 있다.

1960년대 카리브 지역의 경제는 설탕, 바나나, 담배 등 상업농업이 중심이 되었고 인구 대부분이 촌락에 거주했으나 오늘날 관광업 등 서비스 부문이 경제의 중심이 되고 있으며 대부분 인구는 도시에 거주하고 있다.[66] 국외로 이주하는 인구도 여전히 많으나 인구는 대체로 증가하고 있으며 중산층은 성장했으나 국가에 따라 빈부격차는 여전히 지속되고 있다.

한편, 카리브 지역은 사탕수수 재배를 위해 산림이 제거되면서 토양침식과 가뭄 등 자연재해의 발생 가능성이 높아졌으며 그 외에도 허리케인이 지나가는 지역으로 허리케인으로 인한 광범위한 피해가 발생하고 있다. 이러한 자연재해로 인한 피해는 특히 이 지역 극빈층에게 직접적으로 영향을 끼치고 있다.

북중미

멕시코를 포함한 북중미는 고대의 아즈텍, 마야와 같은 거대문명이 위치해 있던 지역이었다. 따라서 원주민 인구 비율이 높고 원주민의 문화적인

---

65 Ibid., p. 290.

66 Ibid., pp. 288-289.

정체성이 유지되고 있는 지역이다.

멕시코는 지리, 정치, 경제, 사회적인 측면에서 미국과의 연대가 강한 국가로서 특히 북미자유무역협정(NAFTA)의 체결이후 양국가의 경제적인 협력 관계는 확대되었다. 오늘날 멕시코의 불법이민, 마약과 관련된 이슈는 양국 간 관계에서 갈등을 일으키는 요인이 되고 있다.

경제, 문화적 특성을 기준으로 멕시코를 3개의 지역으로 구분할 수 있다.[67] 첫째, 독립적이고 부유한 북부지방으로 이 지역은 성장 잠재력이 타 지역을 능가하고 있으며 스페인의 특성이 강하게 나타나고 있다. 둘째, 중앙지역으로 메스티조 비율이 높고 멕시코시티를 비롯한 주요 도시들이 위치해 있다. 마지막으로 남부지방이며 이 지역은 원주민 비율이 높고 이들 대부분은 영세농으로 전국 평균보다 훨씬 낮은 소득수준을 보이고 있는 빈곤지역이다.

중미는 인구와 경제규모에서 다양한 국가들이 위치해 있으며 대부분 국가는 커피, 바나나와 같은 단일경작 수출품목에 의지하고 있다. 지리적으로 미국과 근접해 있으며 미국은 중미국가의 주요한 수출시장이다. 특히 중미자유무역협정(Central America Free Agreement, DR-CAFTA) 체결이후 중미지역은 미국에 대한 높은 경제적인 의존도를 보이고 있다. 멕시코와 같이 미국에 거주하는 중미인들이 본국의 가족에게 보내고 있는 송금은 이들의 경제에서 큰 비중을 차지하고 있다. 이처럼 대다수 중미 국가들은 정치, 경제적인 측면에서 미국과 긴밀한 관계를 유지하고 있다. 또한 중미국가들은 남미와는 달리 전략적인 자원을 보유한 국가들이 많지 않고 미비한 제조업 기반으로 경제 구조적인 측면에서 취약하다고 볼 수 있다.

오늘날 경제구조는 바나나와 커피에 주로 의존했던 단일경작 농업구조

---

67 Ibid., pp. 358-379.

에서 미국시장에 판매를 위한 상업 농업으로 다양화하고 있으나 전통적인 농업 생산물에 대한 의존성은 지속하고 있다.

한편, 대부분 중소득국가로 구성되어 있으며 국가에 따라 빈곤비율과 소득격차는 여전히 심하고 치안이 불안정하다.

남미

남미지역은 정치적으로 실용주의 노선의 정책을 고수했으며 1990년대 후반 좌파 정부의 출현 이후 미국에 대한 의존도가 점차적으로 낮아지는 경향을 보여 왔다. 또한 전략적인 자원을 보유한 국가들을 중심으로 중국과의 교역이 확대되면서 유럽, 아시아 국가들과의 대외 관계 다변화를 추진하였다.

2000년대 이후 석유, 천연가스 등 풍부한 광물자원을 보유한 국가들은 경제적인 측면에서 두드러진 성장세를 보이고 있다.

[표 4-3] 중남미 지역구분

지역구분	주요 특성
①카리브	• 상대적으로 높은 비율의 아프리카인과 물라토 거주, 인종, 언어적인 측면에서 아프리카의 영향력 • 스페인, 미국, 프랑스, 네덜란드 등 다양한 유럽열강의 식민지였던 역사적인 배경으로 인해 인종, 언어 등 문화적 측면에서 다양성 보유 • 지리, 정치, 경제적 측면에서 미국에 대한 높은 의존도 • 대부분 도서국으로 소규모 농산업, 관광업 의존 • 에이즈(HIV/AIDS)와 말라리아 등 전염성 질병에 취약 • 홍수, 허리케인 등 자연재해 발생

②북중미	• 다양한 기후대(저지대, 온대, 고산지대) 분포 • 태풍, 화산폭발 등 자연재해에 취약(약 250개의 화산위치) • 비교적 높은 원주민 비율, 원주민 문화의 정체성 유지 • 작은 경제규모와 내수시장 보유(멕시코 제외) • 우파성향의 정권 우세, 긴밀한 대미관계 유지 • 단일 경작물 재배 시스템 보유, 제조업 기반 미비, 낙후된 기술 수준보유, 경제구조의 취약성(멕시코 제외) • 섬유산업 중심의 제조업 기반 형성 • 미국에 대한 높은 의존도 – 미국시장과의 지리적인 근접성, 미국과의 자유무역협정체결(DR-CAFTA)을 통한 무역특혜, 무역관계, 미국거주 중미출신의 본국 송금액에 대한 높은 의존도 • 주요 5대 수출상품: 바나나, 커피, 면화, 사탕수수, 육류(쇠고기) • 기후조건과 국제시장 가격 변동에 취약한 산업구조 • 주로 하위중소득국가 위치
③남미	• 실용주의 노선의 정책고수, 반미성향의 정권우세 • 경제관계에서 유럽과 아시아 국가에 대한 비교적 높은 의존도 • 석유, 천연가스 등 풍부한 광물자원 보유국 위치 • 1차 산품 수출 주도 경제구조 보유 – 커피와 면직물(볼리비아, 브라질, 콜롬비아), 설탕(브라질), 담배(브라질, 콜롬비아), 포도주(아르헨티나, 칠레) 등 • 농촌지역의 빈곤과 제한된 경제적인 기회로 인한 마약 생산국 위치 (콜롬비아, 페루 등)

역사적인 기준에 의한 구분

역사적인 시각을 통해 중남미를 접근한다면 스페인 식민지, 포루투갈 식민지, 기타 유럽열강의 식민지로 구분할 수 있다. 중남미 국가가 보유했던 다양한 광물자원은 유럽열강에 의해 식민기간 동안 본국의 부를 창출하기 위한 수단으로 활용되었고 이처럼 오늘날 대부분의 중남미 국가는 농업과 광업을 중심으로 구성된 경제구조를 보유하고 있는데 이는 식민시대에 형성된 경제체제로부터 기원하고 있다.

중남미 고대문명의 중심지였던 스페인 식민지에서는 풍부한 원주민 노동력을 활용하여 식민초기부터 금, 은을 중심으로 광업 경제권이 형성되었으며 후기 경제의 중심은 농업으로 변화하였다. 이후 이 지역은 대토지 소유제를 기반으로 하는 강력한 지역세력 중심의 독립운동이 전개되었다.

포루투갈 식민지는 초기 파우 브라질, 사탕수수 등 농업중심의 경제구조가 형성되었으나 17세기 중반 사탕수수 산업이 쇠퇴하고 금, 다이아몬드를 생산하게 되면서 광업 경제체제로 변화하였다.

다양한 열강에 의해 지배를 받았던 카리브 지역은 인종, 언어 등 문화적인 측면에서 다양성을 보유하고 있다. 현재까지 영국, 프랑스, 미국 등의 속령이 위치해 있다.

이와 같이 중남미 대륙의 국가들을 지리적인 위치, 역사적인 배경 등 다양한 기준에 따라 구분할 수 있으며 개발협력 프로그램의 수립과 이행과정에서 이러한 정치, 경제, 사회, 문화적인 영역에서 나타나고 있는 다면적인 요소들을 반영할 필요가 있다.

3. 국제개발협력의 관점에 바라본 중남미[68]

개도국은 선진국에 비해 경제, 사회발전의 정도가 낮은 국가를 의미하며 OECD DAC의 수원국 분류기준은 1인당 국민총소득(GNI)이다. DAC은 다음과 같이 3년마다 수원국 리스트(Recipient List)를 발표하고 있다.

국제개발협력의 관점에서 저소득국(LDCs)인 아이티를 제외한 중남미 국가들은 중하위소득국(LMICs)과 중상위소득국(UMICs)에 속하고 있으며 이처럼 중남미는 중소득국의 대륙으로 분류되고 있다. 최근 국제사회의 중남미에 대한 ODA지원 비율은 점차적으로 감소하고 있다.

이처럼 대부분 중남미 국가들은 중소득국의 범주에 속하고 있어 다른 개도국과 비교할 때 크게 주목받지 못하고 있다. 특히 오늘날 국제개발협력이 정치, 경제적인 목적으로 행해지기 보다는 개도국 국민의 경제, 사회발전을 위한 개발적인 목적과 인도주의적인 배려로 접근하는 시각이 강조되면서 중남미 지역에 대한 다른 공여국들의 관심은 줄어들고 있다.

이러한 맥락에서 2000년대 중남미와 같은 중소득국에 대한 개발협력 지원의 지속여부와 새로운 지원방식(Modality)에 대한 논의가 전개되었다.

'중소득국'이라는 용어는 세계은행과 OECD DAC에 의해 만들어졌으며

---

68 정상희(2015), "새로운 ODA행위주체와 지원방식에 대한 재고", 『국제정치연구』, 제18집 1호, pp. 103-108.

국제적으로 널리 사용되고 있다. 아래 표에서 보는 것처럼, DAC는 저소득국(LDCs), 중하위소득국(LMICs), 중상위소득국(UMICs)으로 수원국을 분류하고 있다. 중하위소득국은 1인당 GNI가 1,046~4,125불이며 가이아나, 과테말라, 니카라과, 볼리비아, 엘살바도르, 온두라스, 파라과이 등 7개국이 속하고 있다. 중상위소득국은 1인당 GNI가 4,126~12,745불이며 그레나다, 도미니카 연방, 도미니카 공화국, 멕시코 등 21개국이 속하고 있다. 중상위소득국 중 안티구아바부다, 우루과이, 칠레는 2017년 수원국 리스트에서 제외될 예정이다.

[표 4-4] 중남미 ODA 수원국(2014-2016)

저소득국 (Least Developed Countries)	중하위소득국가 (LMICs) (1인당 GNI 1,046~4,125USD)	중상위소득국가(UMICs) (1인당 GNI 4,126~12,745USD)
아이티	가이아나 과테말라 니카라과 볼리비아 엘살바도르 온두라스 파라과이	그레나다, 도미니카 도미니카공화국, 멕시코 벨리즈, 브라질 세인트루시아 세인트빈센트그레나딘 베네수엘라, 수리남 아르헨티나, **안티구아바부다*** 에콰도르, **우루과이*** 자메이카, **칠레*** 코스타리카, 콜롬비아 쿠바, 파나마, 페루

출처: http://www.oecd.org/dac/stats/documentupload/DAC%20List%20of%20ODA%20Recipients%202014%20final.pdf

*2017년 졸업 예정국

이처럼 중남미 국가에 대한 국제사회의 지원은 감소하는 추세를 보임에 따라 중남미 국가들은 DAC의 수원국 분류기준에 대해 비판적인 입장을 보이고 있다. 즉, 수원국을 분류하는 국민총소득(GNI)이라는 경제적인 기준은 빈곤의 개념 변화와 관련한 최근의 경향을 반영하고 있지 못하다. 따라서 경제적인 시각이 반영된 GNI와 같은 단일지표를 통해 수원국의 다차원적인 빈곤상황을 정확히 파악할 수 없다. 또한 GNI를 통해 중남미에서 나타나고 있는 지역, 인종, 계층에 따른 소득불균형 상황 등 내재되어 있는 빈곤과 불평등 현상을 가시화하기 어려우며 따라서 GNI이외에도 수원국의 개발상황을 종합적으로 파악할 수 있는 변별력 있는 지표가 필요하다.

중소득국의 범주는 다양하다. 위의 표에서도 알 수 있는 것처럼 동일한 중소득국이나 그 범위는 1인당 GNI가 최소 1,046불부터 최대 12,745불로 커다란 격차를 보이고 있다. 이처럼 중소득국이라는 광범위한 범주를 통해 현실적으로 각 국가가 처해 있는 다양성과 특성을 파악하기 어렵다.

또한 중남미 국가들은 거버넌스가 취약하며 지속적인 발전을 달성하기 위해서는 향후 거버넌스와 같은 제도적인 역량을 개선하기 위한 장기적인 성격의 지원을 강화할 필요가 있다.

한편, 아이티를 제외한 중남미 중하위소득국들의 ODA에 대한 의존비율은 다른 개도국과 비교할 때 낮은 편이며, 쿠바, 베네수엘라 등 중남미 수원국들 중에는 남남협력의 지원형태를 통해 공여국으로 역할하는 국가도 있다. 이외에도 브라질, 콜롬비아, 멕시코 등은 역내 중심적인 역할을 하는 주축국에 속하고 있으며 수원국보다 공여국으로서의 역할을 확대하고 있다. 따라서 이들은 현재 신흥공여국으로 분류할 수 있다.

이와 같이 중소득국이라는 용어의 개념과 분류기준의 모호성을 비판하면서 중남미 국가들은 국제사회의 지속적인 지원을 요구하고 있다. 남남협력, 삼각협력과 같은 새로운 방식을 통한 지원이 확대되면서 칠레, 멕시코, 브라질, 콜롬비아 등 향후 잠재적인 중남미 신흥공여국들과의 협력 체제를 구축하고 이를 기반으로 다른 개도국을 지원할 수 있는 방안을 고려할 수 있다. 또한 중남미 신흥공여국들이 행위주체로서 역할을 확대할 수 있도록 이들의 제도적인 역량 개선을 위한 지원도 필요하다.

따라서 중남미에 대해서 중소득국이라는 하나의 범주로 접근하기보다는 국가별 역사적 배경, 정치, 경제, 사회, 문화적 상황을 분석하고 이를 반영한 지원이 이루어져야 한다.

4. 중남미의 개발과제

경제, 사회적 불평등 완화

중남미에는 전체적으로 일반화하기 어려운 다양한 국가군이 존재하고 있으며 국가별 다른 정치, 경제, 사회 발전의 상황에 처해 있다.

1990년대 이래 중남미 국가들은 거시적인 시각에서 경제성장을 달성했으며 빈곤 감소와 소득불평등 지표에서 의미 있는 개선을 이루었다. 그러나 여전히 식민 시대부터 기인하고 있는 경제, 사회적인 억압구조로 인해 세대를 거친 빈곤과 불평등 상황은 지속되고 있다.

2008년 세계적인 경제위기 이후 빈곤감소의 개선 속도는 둔화되었으며 여성, 아동, 노년층, 원주민 등 취약계층의 세대 간 사회이동의 가능성은 제한되고 있다.

중남미에서 빈곤감소와 불평등 완화는 주요한 과제 중 하나이다. 이러한 맥락에서 유엔 중남미 경제위원회(Comisión Económica Para América Latina y el Caribe, ECLAC)는 중남미의 빈곤, 불평등 등 사회상황을 분석하고 이에 대응하기 위한 사회정책에 대해 논의하는 "Panorama Social de América Latina"라는 보고서를 매년 발간하고 있다.

CEPAL의 통계에 의하면 2014년 중남미 19개국의 평균 빈곤비율은 28.2%였으며 이중 극빈곤층 비율은 11.8%에 이르고 있는데 이처럼 빈곤비율은 2010년을 기점으로 감소하면서 현재까지 비슷한 수준을 보이고 있다.[69] 이처럼 2010년부터 2014년간 빈곤비율이 감소한 원인은 빈곤층의 교육수준이 높아지면서 노동시장에 진입이 확대되었고 이로 인해 실질적인 소득이 증가함으로써 나타났으나 같은 기간 20-59세에 해당하는 여성빈곤의 비율은 4.7% 증가하였다.[70]

[그림 4-1] 중남미의 극빈곤층과 빈곤층비율 추이*

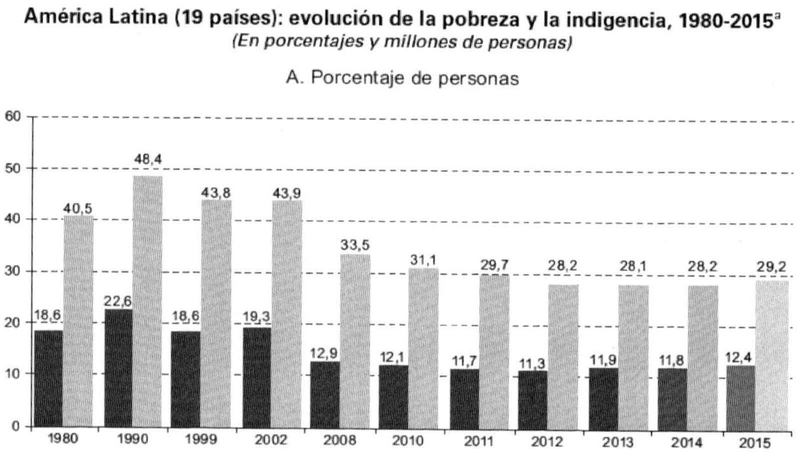

출처: CEPAL(2015)

*쿠바제외, 2015년은 추정비율 **짙은색: 극빈곤층 비율

---

69 CEPAL(2016), *El Panorama Social de América Latina*, Santiago de Chile, Naciones Unidas, p. 18.

70 Ibid., pp. 20-21.

따라서 중남미 빈곤비율의 감소는 모든 계층에게 동일하게 영향을 끼치지 못했으며 특히, 여성과 여성가구주는 빈곤을 극복하지 못한 채 빈곤의 악순환(Poverty Cycle)을 겪었던 것으로 분석되었다. 이는 중남미 빈곤의 개선을 위한 정책에 젠더적인 시각을 반영하는 것이 필요하다는 사실을 보여주고 있다.

[표 4-5] 중남미 18개국의 빈곤비율

국가	연도	빈곤	극빈곤	연도	빈곤	극빈곤	연도	빈곤	극빈곤
아르헨티나	2006	24.8	9.6	2012	4.3	1.7	-	-	-
볼리비아	2004	63.9	34.7	2011	36.3	18.7	2013	39.1	18.3
브라질	2005	36.4	10.7	2012	18.6	5.4	2013	18.0	5.9
칠레	2006	13.7	3.2	2011	11.0	3.1	2013	7.8	2.5
콜롬비아	2005	45.2	13.9	2012	32.9	10.4	2013	30.7	9.1
코스타리카	2005	21.1	7.0	2012	17.8	7.3	2013	17.7	7.2
에콰도르	2005	48.3	21.2	2011	35.3	13.8	2013	33.6	12.0
엘살바도르	2004	47.5	19.0	2012	45.3	13.5	2013	40.9	12.5
과테말라	2002	60.2	30.9	2006	54.8	29.1	-	-	-
온두라스	2007	68.9	45.6	2010	69.2	45.6	-	-	-
멕시코	2006	31.7	8.7	2012	37.1	14.2	-	-	-
니카라과	2005	61.9	31.9	2009	58.3	29.5	-	-	-
파나마	2005	31.0	14.1	2011	24.0	11.3	2013	23.2	12.2
파라과이	2005	56.9	27.6	2011	49.6	28.0	2013	40.7	19.2
페루	2003	52.5	21.4	2012	25.8	6.0	2013	23.9	4.7
도미니카 공화국	2005	47.5	24.6	2012	41.2	20.0	2013	40.7	20.2

우루과이	2005	18.8	4.1	2012	6.1	1.2	2013	5.7	0.9
베네수엘라	2005	37.1	15.9	2012	25.4	7.1	2013	32.1	9.8

출처: CEPAL(2014)

2013년 통계가 존재하는 중남미 18개국의 빈곤비율을 비교할 때 최근 파라과이, 엘살바도르, 콜롬비아, 페루, 칠레, 에콰도르는 의미 있는 개선을 달성하였다.

[그림 4-2] 중남미 18개국의 극빈곤층과 빈곤층 비율 추이

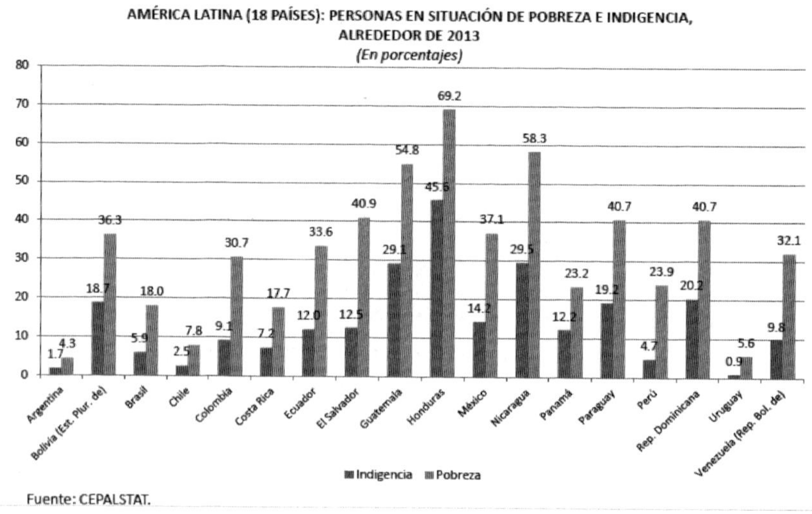

출처: Prado(2015)
*짙은색: 극빈곤층 비율

국가 내 불평등을 측정하기 위해 가장 많이 활용되는 지표는 지니지수(Gini coefficient)이며 중남미는 소득분배에 있어서 가장 불평등한 지역이었다. 빈곤비율에서 나타난 개선 상황이 보여주는 것처럼, 2010년과 2014

년 사이 평균 지니계수는 0.507에서 0.491로 약 3.2% 감소하였다.[71] 빈곤 비율과 같이 불평등의 감소는 2008년부터 가속화되었다.

[표 4-6] 중남미 18개국의 지니지수

국가	연도	지니지수
아르헨티나	1990	0.501
	2004	0.578
	2014	0.470
볼리비아	1989	0.537
	2002	0.775
	2013	0.491
브라질	1990	0.627
	2001	0.639
	2014	0.548
칠레	1990	0.554
	2003	0.552
	2013	0.509
콜롬비아	1994	0.601
	2002	0.567
	2014	0.535

71 CEPAL(2015), *Panorama Social de América Latina*, Santiago de Chile: CEPAL, p. 23.

코스타리카	1990	0.438
	2002	0.488
	2014	0.505
에콰도르	1990	0.461
	2002	0.513
	2014	0.447
엘살바도르	1995	0.507
	2011	0.525
	2014	0.436
과테말라	1989	0.582
	2002	0.542
	2014	0.553
온두라스	1990	0.615
	2002	0.588
	2013	0.564
멕시코	2002	0.514
	2010	0.481
	2014	0.491
니카라과	2001	0.579
	2009	0.478
파나마	2002	0.567
	2010	0.528
	2014	0.519

파라과이	2001	0.558
	2010	0.533
	2014	0.536
페루	2001	0.525
	2010	0.458
	2014	0.439
도미니카 공화국	2002	0.537
	2010	0.554
	2014	0.519
우루과이	2002	0.455
	2010	0.422
	2014	0.397
베네수엘라	2002	0.500
	2010	0.394
	2013	0.407

출처: CEPAL(2016)를 활용했으며 국가별 통계가 있는 연도를 기준으로 함.

이처럼 중남미는 최근의 경제성장으로 인해 빈곤감소와 소득불평등이 완화되었으나 여성, 원주민, 노년층 등 취약계층의 상황은 나아지지 않았다. 따라서 이러한 취약계층에 대한 지속적인 관심과 지원이 필요하다.

[그림 4-3] 중남미 15개국의 지니지수 비교

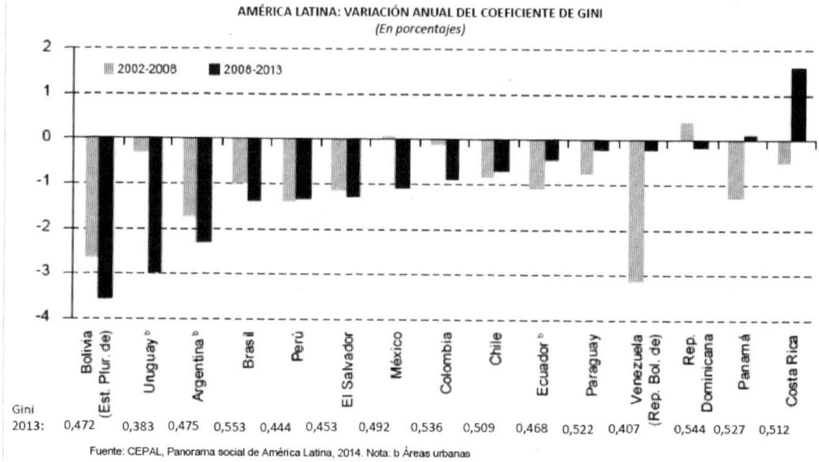

출처: Prado(2015)

중남미의 도시빈곤

빈곤은 사회계층 뿐 아니라 공간분포의 차원에서 논의되고 있으며 중남미에서 산업화 시대에 진행된 급속한 도시화로 인해 도시빈곤은 중요한 이슈로 부각되었다. 20세기 중반 이후 대부분의 중남미 국가에서 산업화를 경험하면서 도시로의 이주가 증가했으며 이는 급속한 도시화 현상을 가속화하는 계기가 되었다. 따라서 1950년대 중남미의 도시화 비율은 41%였으나 2014년 79.6%로 증가하였다.[72] 특히, 중남미에는 총인구의 25%이상이 거주하는 대규모 도시들이 성장하면서 종주도시화(urban

72 Jung, Sanghee(2017), "La pobreza urbana de América Latina y los desafíos en la era del desarrollo sustentable", *Portes*, Vol. 11, No, 21, p. 29.

primacy)[73]의 경향이 두드러지고 있다.

중남미 산업화 과정에서 도시로의 이주는 다음과 같은 배경에서 발생하였다. 첫째, 경제, 사회지표의 개선으로 인해 사망률은 감소하고 출생률이 지속적으로 높아지면서 인구수와 구조에서 변화가 발생하였다. 둘째, 식민 시대부터 형성되었던 토지소유의 불균형 현상은 지속되었고 농촌지역의 사회기본시설과 서비스는 개선되지 않았다. 따라서 농촌으로부터 인구유출이 증가하였다. 셋째, 2차 세계 대전이후 수입대체산업화는 제조업 분야에 광범위한 고용창출 효과를 가져왔으며, 도시지역의 대규모 고용증대가 이루어졌다. 넷째, 교통과 통신의 발전으로 인해 도시와의 접근성이 용이해졌다.

1980년대 외채위기 이후 미국 등 고용기회가 많은 선진국으로의 이주 증가와 지역의 출생률 감소로 인해 중남미의 도시 성장률은 정체되었다.[74]

이처럼 산업화 과정에서 대규모의 이주민이 도시로 집중되면서 중남미 도시는 급속하게 성장했으며 일자리, 주거, 교육, 보건, 상수도 시설 등 기초적인 서비스 시설이 부족해졌다. 또한 빈곤, 실업률, 범죄율 증가 등 부정적인 현상들이 발생하게 되었다.

다음 표에서 보는 것처럼, 도시지역과 농촌지역은 다른 특성을 보이고 있다. 경제활동에서 농촌지역은 토지, 자연자원에 기반한 1차 산업이 중심적인 역할을 하고 있으나 도시는 생산, 산업, 서비스에 의존한 경제적인 활동이 주를 이루고 있다. 인구와 관련하여 농촌은 산재되어 거주하나 도시는 집중적이며 성장하는 특성을 보이고 있다. 도시의 인프라와 교통시설은 지역에 따라 차이가 발생하나 농촌은 대체로 낮은 수준의 서비스 질

---

73 앨런, 길버트(2013), "현대의 도시", 블루엣, 브라이언 W.·올린 M. 블루엣, op. cit., p. 245. 종주도시화는 가장 큰 도시의 인구규모가 두번째 큰 도시의 인구 규모보다 두 배 이상이 큰 경우를 의미한다.

74 Ibid., pp. 243-244.

을 보유하고 있다. 도시의 생활은 현금 의존도가 높으며 비공식과 공식부문 등 이중적인 성격의 노동시장으로 구성되어 있다. 또한 소규모 자영업도 존재하고 있다. 농촌의 경우에는 자급자족에 대한 의존도가 높으며 경우에 따라 비정기적인 이민을 통해 비농업 분야에서 소득을 창출하고 있다. 따라서 식량안보에 있어서 도시는 보유한 현금상황에 따라 식량에 대한 접근성이 달라지나 농촌은 기후, 환경적인 위협으로 인해 기아와 식량부족 현상이 발생한다. 인프라 및 사회인프라 접근성과 관련하여 도시는 확장성이 있으며 질 높은 인프라가 구축되어 있으나 인프라에 대한 제약이 발생한다. 농촌지역은 제한적이며 질 낮은 인프라가 존재한다.

주거와 토지의 경우 도시는 제한되어 있으며 불법 거주지 및 불법 점유지가 나타나고 있으나 농촌은 주거자체보다 토지소유에서 문제가 발생하고 있다.

마지막으로 외부적인 요인으로 볼 수 있는 도시지역의 정부는 부패와 지역사회 네트워크가 취약하며 정치권력에 대한 낮은 접근성을 보이고 있으나 농촌은 공식적인 권력구조 자체가 부재한 경우가 발생하고 있다.

환경적인 취약성과 관련하여 도시는 생산시설과 인구밀집의 정도에 따라 공기오염과 폐기물 등에서 관리문제가 나타나고 있으며 농촌에서 환경은 생산과정에 직접적인 영향을 끼치고 있다.

[표 4-7] 도시지역과 농촌지역의 특성 비교

구분	도시	농촌
경제적 활동	생산, 산업, 서비스에 의존한 경제적 활동	토지, 자연자원에 기반한 1차 산업
인구	집중적이며 성장하는 인구	산재된 인구

인프라	지역에 따라 다른 인프라와 교통서비스	질이 낮은 인프라, 교통서비스(비싼 교통비, 장시간 이동)
소득창출기회	현금에 대한 높은 의존도, 이중적인 노동시장(공식부문, 비공식부문) 소규모 자영업	자급자족, 소득원 다양화를 위해 비정기적인 이민을 통해 비농업분야에서 소득창출
식량안보	현금상황에 따라 식량의 접근성에서 차이 발생	기후가 장애로 작용되는 경우 기아와 식량부족 발생
인프라 및 사회인프라	확장성이 있고 질 높은 인프라, 제약성 존재	제한되고 질 낮은 인프라
주거와 토지	제한된 선택, 불법거주지 및 불법 점유 토지	주거자체의 문제보다 토지소유 문제 발생
거버넌스(정부)	정치권력에 제한된 접근성, 부패와 지역사회 네트워크에 취약	공식적인 권력구조의 부재
환경적인 취약성	생산과 인구밀집 정도에 따라 차이(공기오염, 폐기물)	생산과정과 자연자원의 악화와 밀접한 관련

출처: Baharaoglu and Kessides(2002)를 인용한 Jung(2017)

이와 같이 도시지역은 농촌지역과는 다른 다양한 특성이 응축되어 나타나는 사회적 공간으로 정의할 수 있으며[75] 이러한 도시지역과 농촌지역의 속성에 대한 분석을 통해 도시 빈곤을 대처하기 위한 정책을 수립할 수 있다. 특히, 농촌과 비교할 때 현금 의존성이 높은 도시의 경제구조로 인해 농촌에서 유입된 비숙련 노동자들은 노동조건이 좋지 않은 비공식 부문에 종사하면서 고용을 통한 소득창출의 기회를 추구하고 있으나 다양한 제약 상황에 처해 있다. 이로 인해 이들은 식량, 주거, 토지, 교통 및 사회 인프라에 대한 접근성이 낮아지며 이는 빈곤과 불평등을 심화하는 요인으로

75 Cuervo, Luis Mauricio(2005), *El falso espejo de la ciudad latinoamericano*, Instituto Latinoamericano y del Caribe de Planificación Económica y Social, Santiago de Chile: Naciones Unidas, p. 8.

작용하게 된다.

도시지역의 다양한 영역에서 발생하는 빈곤을 1. 소득창출의 기회제한, 2. 교육, 보건 등 기초 서비스에 대한 낮은 접근성, 3. 거주지의 불안정성, 4. 재정적인 불안정성, 5. 인적인 불안정성, 6. 사회, 정치적인 소외로 구분할 수 있다. 사회정책에는 각각의 영역에서 발생하는 취약성을 줄이기 위한 접근시각을 반영할 필요가 있다.

따라서 소득창출을 위한 일자리 확대, 빈곤층의 노동시장 참여방안을 모색할 수 있으며 이외에도 빈곤층의 저축, 신용접근성을 높이기 위한 정책을 고려할 수 있다. 또한 인적역량의 강화를 위해 기초 서비스에 대한 접근성을 개선할 수 있다.

경제적인 역량의 부족으로 교육, 보건 서비스에 대한 접근성이 낮은 빈곤층을 위해 기본적인 사회 인프라에 대한 접근성을 강화하고 사회보험제도의 확충방안을 고려할 수 있다.

주거의 불안전성을 개선하기 위해 불법 주거지와 토지에 대해 허가하고 주택마련을 위한 신용 접근을 높일 수 있다.

재정적인 불안전성을 해소하기 위해 사회보호, 사회안전망을 구축하며 이를 통해 신용 접근성을 개선할 수 있다.

마약, 알코올 남용, 가정폭력, 가족해체 등의 인적 불안전성과 정치, 사회적인 소외상황을 개선하기 위해 사회안전망을 구축하며, 시민으로서의 권리와 책임을 인식하기 위한 빈곤층의 권한과 역량을 강화할 필요가 있다.

[표 4-8] 도시 빈곤을 극복하기 위한 정책

빈곤의 영역	도시 빈곤의 특성	사회정책
제한된 소득창출의 기회	현금에 대한 의존도가 높은 경제구조	-현금창출을 위한 빈곤층 고용시장 -저축, 신용 접근성 -인적역량 개선을 위한 기초서비스 접근성 -기업가와 소규모 자영업자를 위한 도시의 서비스 개선
교육, 보건 서비스에 대한 낮은 접근성	공식부문, 비공식부문 일자리에서 노동조건 지불능력의 부족으로 인한 교육에 제한	-인적역량 강화를 위해 보건, 영양, 교육 등 기본적인 서비스 -건강과 안전을 위한 환경정책 -고용조건 개선을 위한 고용정책 -거주지, 토지 접근성 -사회보험 제도
거주지의 불안정성	빈민층의 불법적인 토지 점거, 불법적인 주택건축	-안전한 지역에 거주하거나 주택을 활용할 수 있는 주거와 토지에 대한 허가 -주택마련을 위한 재정적 접근
재정적인 불안전성	현금성 소득에 대한 높은 의존도 사회안전망, 신용에 대한 낮은 접근성	-소득창출을 위한 노동, 고용시장 -재정적인 불안정성 해소를 위한 사회보호, 안전망 구축 -신용 접근성
인적인 불안정성	마약, 알코올 남용, 가정 폭력, 가족해체, 소득 불균형, 사회적 다양성	-사회안전망 구축
사회, 정치적인 소외	주거와 일자리의 불법성 지역사회 내 소외 정보 획득의 채널 부족	-사회안전망 구축 -토지와 주거의 공여 -시민으로서의 권리와 책임, 빈곤층 권한강화

출처: Baharaoglu and Kessides(2002)를 인용한 Jung(2017)를 토대로 작성

한편, 국제사회의 도시 빈민층 지원 사업은 도시개발(Urban Development)과 사회보호 프로그램이라는 두 가지 유형으로 구분되고 있다.[76] 도시개발

76 김은미 외(2012), 『사회보호 프로그램을 통한 도시빈민 지원방안』, 성남: 한국국제협력단 참조.

은 도로, 상수도, 주택, 보건 및 사회 인프라 분야의 조성과 개선을 통해 도시 빈곤층의 주거 및 생활환경을 개선하는 것이다. 두 번째 유형은 빈곤 인구를 직접적으로 지원하는 사회보호 프로그램으로 조건부 혹은 비조건부 현금, 현물이전, 공공근로 등을 언급할 수 있다.

향후 도시개발과 사회보호 프로그램은 도시 빈곤층에 초점을 맞추며 젠더, 환경 등 범주류화된 요소와의 연계를 통해 앞에서 분석한 도시지역의 취약성을 줄일 수 있는 특화된 프로그램의 개발이 필요하다. 특히, 도시지역 경제구조의 특성에 대한 고려를 통해 사회보호 프로그램에는 빈곤층의 역량강화와 고용확대를 위한 정책을 강화해야 한다.

CHAPTER

5

국제사회의 ODA지원현황

1. 중남미 ODA지원현황

2. 주요 공여국

3. 주요 수원국

4. 중점지원 분야

5장

국제사회의 ODA지원현황

1. 중남미 ODA지원현황

글로벌 경제위기는 ODA 감소에 영향을 끼쳐왔다. 2008년 국제사회의 ODA 지원 흐름은 변화하게 되었으며 오늘날 국제사회에서 SDGs를 달성하기 위한 재원 조성의 문제가 지속적으로 논의되고 있다.

2000년대 이래 국제사회의 중남미에 대한 지원은 지속적으로 감소하였다. 이는 글로벌 경제위기와 더불어 중남미 국가들이 경제, 사회적으로 발전을 달성하면서 기존 공여국들이 중남미 국가에 대한 지원을 전반적으로 감소하면서 나타난 결과이다. 따라서 전체 지원 중 10% 내외였던 지원 비율은 2000년대 약 절반으로 감소하였다. 이러한 추세는 특히 멕시코, 우루과이, 아르헨티나 등 UMICs에 속하는 국가에서 두드러지게 나타나고 있다.

[표 5-1] 중남미 ODA 지원 추이

구분	2014	2015	변화량(%)
ODA 지원액(순지출 기준) (2014년, 백만불)	10,015	11,408	13.9%
ODA 약정액 (2014년, 백만 달러)	13,162	14,297	8.6%
인구(천명)	620,125	626,842	1.1%
1인당 ODA(달러)	16.1	16.1	-

출처: OECD DAC(2017)

2015년 기준 1인당 ODA지원 금액은 16달러였으며 이러한 규모는 아시아(11불)와 비교할 때 높으나 오세아니아(191불), 유럽(44불), 아프리카(43불)보다 낮은 수준이었다.

[표 5-2] 지역별 ODA지원(2015년)

구분	Net ODA USD (백만불)	Net ODA USD (1인당, 불)	인구 (백만명)
아프리카	51,036	43	1,185
아시아	45,546	11	4,023
아메리카	10,087	16	627
유럽	6,847	44	155
오세아니아	1,914	191	10
Unspecified by region	37,097	-	-
All ODA recipients	152,526	-	5,727

출처: OECD DAC(2017)

[그림 5-1] 1990년대 이래 대륙별 ODA지원 추이

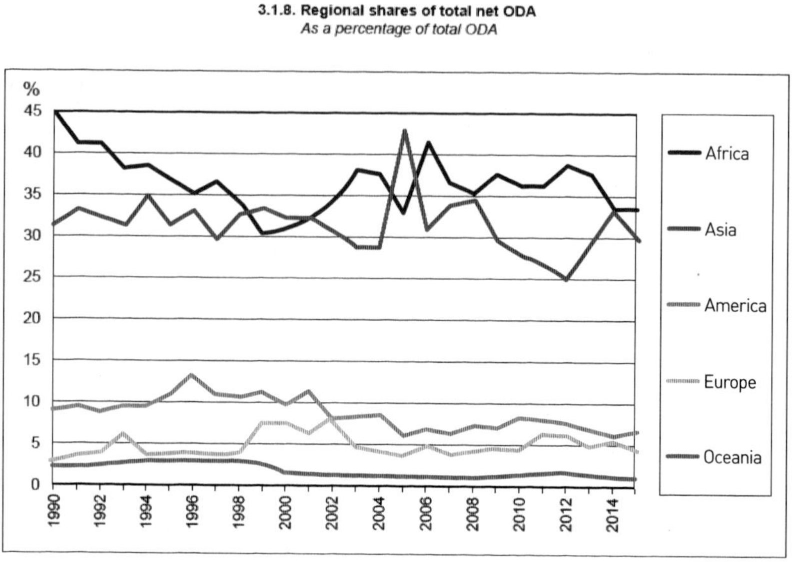

출처: OECD DAC(2017)

2. 주요공여국

1970년대 이래 중남미 최대 양자 공여국은 미국, 독일, 스페인, 네덜란드, 일본이었으며 이들은 전통공여국으로서 중남미 국가를 지속적으로 지원해 왔다. 2000년대 중남미 국가의 경제, 사회적 발전상황이 개선되고 중하위소득국에서 중상위소득국으로 분류의 범위가 달라지는 국가들이 증가했으며 특히 글로벌 경제위기 이후 전통 공여국들은 중남미에 대한 지원을 감소하거나 지역 사무소를 철수하고 출구전략을 수립하고 있다. 이외에도

브라질, 멕시코, 콜롬비아 등은 수원국이나 신흥공여국으로 역할하면서 공여국들은 이들과의 협력을 통한 새로운 지원방식을 강구하고 있다.

[그림 5-2] 1970년대 이래 ODA최대 양자 공여국

자료: OECD/DAC(2017)

다음 표에서 보는 것처럼 2013년-2015년 중남미 주요 공여국에는 변화가 나타나고 있다. 절대규모의 측면에서 미국은 현재까지 최대 공여국이다. 독일 역시 지속적으로 지원하는 주요 공여국이며 2000년대 중반이후 지원에서 증가 추세가 나타났다. 유럽국가들 중에는 최근 프랑스가 지원을 확대하고 있다. 한편, 스페인은 경제규모 대비 ODA지원 비율이 가장 높은 국가이며 사하라이남 아프리카와 더불어 중남미 지역을 우선적으로 지원하였다. 스페인은 4차 마스터플랜에서 중점협력국가를 50개국에서 23개로 축소했는데 23개의 중점협력국 중 중남미 국가는 12개국이 속해있다.

전통적인 공여국이었던 네덜란드와 일본의 지원은 감소추세에 있다. 한편, '선택과 집중'의 원칙에 따라 중점협력국의 수를 지속적으로 감소해 왔

던 네덜란드의 경우 2012년과 2015년 중점협력국이었던 볼리비아, 니카라과를 개발협력을 중단할 국가로 포함시켰으며 현재 네덜란드의 중점협력국 중 중남미 국가는 제외되어 있다. 2013년-2015년 통계를 기준으로 일본은 더 이상 중남미 10대 주요 공여국에 포함되어 있지 않다.

[표 5-3] 중남미 주요 공여국(2013-2015)

순위	국가	2013	2014	2015	3년 평균	비율(%)
1	미국	1,743	1,749	1,975	1,822	29
2	독일	1,299	1,816	1,127	1,414	23
3	프랑스	793	1,145	1,159	1,032	17
4	노르웨이	810	342	238	464	7
5	캐나다	429	408	358	398	6
6	스위스	204	228	214	215	3
7	영국	231	121	242	198	3
8	스페인	245	51	118	138	2
9	스웨덴	139	134	100	124	2
10	한국	96	109	114	107	2
11	기타 공여국	331	399	246	325	5
합계		6,321	6,504	5,892	6,239	100

출처: OECD DAC(2017)
*순지출 기준, 백만불

미국

미국의 중남미 국가에 대한 원조는 냉전체제의 틀 내에서 쿠바혁명 이후 발표된 케네디 대통령의 진보를 위한 동맹(Alliance for Progress)을 토대로 발전되었고 냉전이후 감소했다가 1998년 중미지역의 허리케인과 2010년 아이티의 지진 발생으로 인해 피해 복구를 지원하기 위한 인도적인 지원의 형태를 통해 증가하였다.[77]

2001년 발생한 9·11사건 이후 미국 대외정책의 변화로 인해 국제관계에서 지역적 우선순위가 아프가니스탄, 이라크 등 중동국가에 초점을 맞추게 되었으며 중남미에서 미국의 영향력은 약화되었다.

최근 미국의 ODA지원은 정체되었으나 광범위한 수원국에 대한 지원의 원칙에 따라 2013-2014년 137개국을 지원하였고 사하라이남 아프리카, 분쟁 후 취약국에 초점을 두면서 교육, 보건, 인구, 인도적인 지원에 집중하였다.[78]

전통적으로 미국의 ODA는 국가안보, 외교, 경제 전략의 일환으로 고려되어 왔으며 특히 미국은 냉전체제 하 정치적인 동기와 실용적인 개발정책의 입장을 견지해 왔다. USAID에 의하면 미국 ODA의 정책방향은 1. 빈곤감소, 2. 민주주의 발전, 3. 여성역량의 강화, 4. 시장지원, 5. 위기대응 및 안전 6. 사람과 보건에 대한 투자를 통해 인간 삶을 개선하는 것이다.[79] 한편, 2013-2014년 대륙별 지원과 관련하여 전체 ODA 중 사하라이남 아프리카 47%, 남아시아 및 중앙아시아 18%, 중동과 북아프리카 17%, 중

---

77 Peter J. Meyer, (2016), *US Foreign Assistance to Latin America and the Caribbean: Recent Trends and FY2016 Appropriations*, Congressional Research Service, p. 2.

78 OECD DAC(2016a), *OECD Development Co-operation Peer Reviews: United States 2016*, Paris: OECD, p. 17.

79 US Department of State & USAID(2014), *FY 2014-2017 Strategic Plan*, US Department of State & USAID, p. 6.

남미 9%를 지원하였다.[80]

중남미 국가의 입장에서 미국은 절대적인 지원규모를 기준으로 볼 때 최대 공여국이며 지역의 안전, 민주주의 강화, 장기적인 경제성장을 주요한 목표로 지원하였다.

[표 5-4] 미국의 주요지원 분야

프로그램	내용
①평화와 안전	• 대 테러정책, 대량살상 무기 감축 • 대 마약정책(콜롬비아 플랜, 메리다 이니셔티브): 마약재배와 거래, 합법적인 농작물 생산과 시장접근성 향상 • 국제범죄, 분쟁감소 지원 • 시민의 안전을 위한 효율적인 제도개혁
②민주적인 선정	• 인권, 법치 강화 • 부패감소, 정치적 경쟁강화를 위한 민주주의 프로그램 • 정당 및 입법기관, 시민사회 등 민주적인 기관의 제도적인 역량 강화
③경제발전	• 경제적 기회 확대, 사회이동 강화 • 무역, 투자, 시장의 접근성 확대 • 국내의 민영화 확대를 위한 법적 환경 개선
④인간에 대한 투자	• 취약계층(아동, 산모)에 대한 보건 프로그램 지원 • 여성과 취약계층의 취업기회 확대를 위한 직업훈련 지원 • HIV/AIDS, 결핵을 중심으로 전염병 방지를 위한 시스템 개선
⑤인도적인 지원	• 자연재해, 기후변화에 대한 적응력 강화 • 식량안보(아이티, 브라질, 과테말라, 온두라스, 니카라과)

2000년대 이래 중남미 국가들의 빈곤과 불평등, 선거, 시민사회, 정부의 제도적인 역량 등이 개선되었으며 이에 따라 미국의 지원은 감소했으나 플랜 콜롬비아, 멕시코 메리다 이니셔티브, 오바마 행정부의 중미 지역 안보 이니셔티브(Central America Regional Security Initiative, CARSI), 카리브

80 OECD DAC(2016a), op. cit., p. 50.

지역 안보 이니셔티브(the Caribbean Basin Security Initiative, CBSI) 등 범죄와 마약을 퇴치하고 지역안보를 개선하기 위한 지원은 지속되고 있다.

최근 콜롬비아의 내전상황과 안전이 개선되면서 미국은 군사적인 지원보다 경제적, 사회적인 분야의 지원을 확대하고 있다. 또한 코카인 박멸, 내전지역의 거버넌스 개선, 사법부문 개선, 반군의 사회 재통합, 취약계층에 대한 인도적인 지원 등 콜롬비아 정부가 주도적으로 추진하고 있는 프로그램에 대해 지원하고 있다.[81]

중남미에 대한 미국의 ODA지원 정책에서 변화가 나타나고 있다. 광역차원의 지원 원칙에서 지원국과 지원 분야의 수를 감소하고 있으며 이러한 맥락에 따라 2012년 미국은 파나마에 대한 지원을 중단하였다.[82] 또한 역내 공여국으로서 역할을 강화하고 있는 브라질, 칠레, 콜롬비아, 멕시코, 우루과이와의 협력을 통해 제3국을 지원하는 삼자협력(Trilateral Cooperation)을 강화하고 있다.[83]

특히, 중미지역의 엘살바도르, 과테말라, 온두라스에 중점적으로 지원하며 안전, 번영, 굿거버넌스를 강화를 목표로 하고 있다. 자연재해 발생 후 복구지원에 초점을 두었던 아이티에는 인프라, 에너지, 식량과 경제적인 안보, 보건, 다른 기초서비스, 굿거버넌스에 대한 지원을 강화하고 있다.

---

81 Peter J. Meyer(2016), op. cit., p. 7.

82 Ibid., p. 3.

83 Ibid., p. 4.

[그림 5-3] 미국의 중남미에 대한 지원범주

Figure 2. U.S.Assistance to Latin America and the Caribbean by Aid Category: FY2011-FY2016 Request

As a percentage of total U.S. assistance appropriated/requested for the region

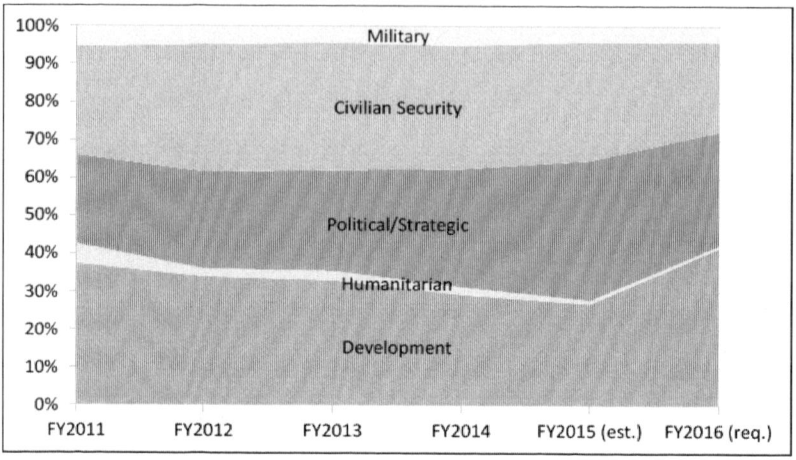

Source: U.S. Department of State.

Notes: "Military" includes FMF & IMET; "Civilian Security" includes INCLE & NADR; "Political/Strategic" includes ESF; "Humanitarian" includes P.L. 480; and "Development" includes DA & GHP.

출처: Meyer(2016)

중남미에서 추진되고 있는 미국의 개발협력 프로그램 사례로서 2009년부터 2013년까지 추진한 REAULA 프로젝트를 언급할 수 있으며 본 프로그램은 교육정책과 전략을 수립하기 위한 과테말라 교육부의 역량강화, 교육시스템의 효율성 강화, 모든 국민의 교육 접근성 제고를 목표로 하고 있다. USAID는 과테말라 원주민이 다수 거주하고 있으며 빈곤율이 높은 지역을 대상으로 사업을 추진하였다.

본 프로그램은 교육기관, 교원의 역량강화, 교육시스템 개선 및 교실에서의 질 높은 교육을 통해 과테말라 교육부의 우선적인 목표로 고려되고 있는 취학전 교육, 초등, 중등교육 등 교육의 전 과정에서 질과 형평성 향상을 위해 추진되었으며 실제로 성과를 거둔 것으로 평가되고 있으나 향

후 지역사회의 수요를 기반으로 지역주민의 참여를 강화하는 것이 필요하다.[84]

[표 5-5] 미국의 지원 사례: 과테말라 교육개발협력 사업

프로젝트	REAULA(Classroom Education Reform Project)
목표	• 교육정책 및 전략 수립을 위한 과테말라 교육부 역량강화 • 교육시스템의 효율성 강화를 위한 교육기관 역량 강화 • 모든 국민의 질 높은 교육에 대한 접근성 확보
지역	• Jalapa, Chiquimula, Quiché, Totonicapán and San Marcos
프로젝트 구성요소	• 교육기관 및 교원의 역량 강화를 통한 교육시스템 개선 – 과테말라 교육부 전문가 대상 연수 실시: 교육활동 구상, 계획, 실행, 평가 등 일련의 교육과정 관리를 위한 전문가 연수 실시 – 교원의 전문성 및 제도적인 역량 개선: 인적자원훈련시스템(National Human Resource Training System: SINAFORHE) 등 – 고등교육 교원연수 프로그램 개발을 위한 기술협력: 교육부 및 과테말라 대학, 타 국제개발협력 공여기구와의 연계 • 질 높은 교실(경험을 기반으로 몇몇 지역에서 파일럿 모델과 정책구축) – 언어(모국어)와 의사소통 영역에서 효율성을 제고하기 위한 학습목표, 생활방식, 교육과정, 교육자료 제시 및 교육평가 실시
프로젝트 평가결과	• 국가차원에서 교육 질의 중요성에 대한 인식 제고 – 다양한 교육정책 및 프로그램의 구상, 평가지원을 통해 교육의 질 제고 • 이중언어교육(EBI), 유아교육, 초등교육, 중등교육 개편을 위한 과테말라 교육부의 노력 촉구 – 과테말라 교육현안 진단을 바탕으로 교육부의 교육시스템 개편 노력 촉구 • 교육부 전문가의 역량강화 – 지속적인 기술협력, 연수를 통한 전문가 역량강화

출처: 윤종혁(2014)

84 윤종혁 외(2014) , 『개발도상국가와의 교육협력에 관한 연구(II): 중남미 교육협력 방안 연구』, 서울: 한국교육개발원, pp. 91-92.; http://pdf.usaid.gov/pdf_docs/PA00JP35.pdf(검색일: 2017. 8. 16).

독일

독일은 유럽에서 경제적으로 선두국가(leading)이며 절대적인 규모의 측면에서 세계에서 세 번째의 최대 공여국이다. 독일은 국가들 간 협력을 통해 대처해야 하는 공동의 개발이슈에 대해 초점을 두고 있으며 따라서 환경, 기후변화와 같은 초국경적인(cross border)인 글로벌 이슈에서 중요한 역할을 담당해 왔다.

독일은 분절화된 집행체제를 보유한 대표적인 국가이며 2011년 일원화된 원조집행을 위해 독일국제협력공사(the German Federal Enterprise for International Cooperation, GIZ)를 설치하였다. 2014년 이래 기아, 난민, 중동지역의 위기와 아프리카 지역의 빈곤감소를 위해 민주주의, 굿거버넌스, 사회, 경제적 책임, 시장에 기반한 경제 취약국에 대한 지원을 강조해 왔다.

독일은 빈곤퇴치를 개발의 주요목표로 설정하고 있으나 2013년 독일의 대륙별 배분 비율은 아프리카 32%, 아시아 34%, 기타저소득국을 포함한 저소득국에 27%가 지원되었으며 실제 중소득국에 대한 지원 비율은 전체의 73%에 이르고 있었다.[85] 한편, 독일은 1990년대 120여개의 수원국을 지원했으나 2005년 92개국, 2010년 55개였던 수원국을 50개국으로 줄였으며 주제별 이슈와 관련된 부문에서 29개 수원국과 협력을 지속하고 있으며 2013년 기준 전체 ODA 중 29%를 다자기관에 지원하는 특성을 보이고 있다.[86]

또한 2009년 이후 교육, 보건, 기후, 환경과 자연자원 보존, 농촌개발,

85 OECD DAC(2015), *OECD Development Co-operation Peer Reviews: Germany 2015*, Paris: OECD, p. 17.

86 Ibid., p. 17.

민간부문의 발전, 지속가능한 경제발전 등 7개 분야에 재원배분을 집중하고 있다. 특히, 독일은 중소득국에 대한 지원 비율이 높고 지역에서 정치, 경제적인 영향력을 지닌 신흥경제국(Anchor Countries 혹은 Emerging Economies)과의 협력을 통해 지역별 전략과 글로벌 공공재 지원에 초점을 두고 있다.[87]

중남미에 대해서는 2013년 기준 전체 ODA 중 약 9%의 재원을 배분하고 있으며 주된 협력국은 볼리비아, 에콰도르, 과테말라, 온두라스, 콜롬비아, 멕시코, 니카라과, 페루 등 9개국이며 환경, 기후변화, 이민, 마약과 같은 글로벌 과제, 민주주의와 법치, 수자원 관리 분야에 초점을 두고 있다.[88] 또한 중미통합체제(SICA), 미주기구(OAS), 유엔라틴아메리카 경제위원회(ECLAC), 카리브공동체(CARICOM) 등 다양한 지역협력체가 창설되어 있는 중남미 지역의 특성을 활용하여 다자기관에 대한 지원을 확대하고 있다.

이와 같이 독일은 멕시코, 브라질, 칠레 등 신흥경제국의 인적역량과 제도적인 체제를 활용하고 있으며 세계와 지역차원의 글로벌 이슈와 관련된 분야에 ODA을 지원하고 있다. 또한 신흥공여국과의 협력을 통해 제3국을 지원하는 형태인 삼각협력의 활용을 확대하고 있다.

중소득국에 대한 지원 비율이 높은 독일은 국제개발협력 체제의 변화에 따라 중소득국과의 협력을 통한 삼각협력을 남북협력과 남남협력을 지원하는 혁신적인 지원 유형(Modality)으로 고려하고 있다. 특히, 중남미는 대부분 중소득국이며, 역사, 언어, 정치, 경제, 문화적 체제에서 유사성을 지니고 있다. 또한 브라질, 멕시코, 칠레 등은 수원국이나 사업수행 역량이 뛰어

---

87 OECD DAC(2010), *Germany Peer Review 2010*, Paris: OECD; 정상희(2015), "새로운 ODA행위주체와 지원방식에 대한 재고", 『국제정치연구』, 제18집 1호, pp. 103-122 참조.

88 OECD DAC(2010), *Germany Peer Review 2010*, Paris: OECD, pp. 13-33.

나며 역내의 공여국으로서 역할을 확대하고 있다. 따라서 독일은 이들과의 협력을 통해 제3국을 지원하는 삼각협력의 지원형태를 확대하고 있다.

[Box 5-1] 남남협력과 삼각협력의 개념

- **남남협력(South-South Cooperation)**: 개도국 간 기술협력
- **삼각협력(Triangular Cooperation)**: 남남협력의 하위개념으로 제3의 행위주체의 참여를 통한 지원
  - 참여자: 전통공여국(DAC회원국, 국제기구), 남측공여자(신흥공여국, 중소득국), 수원국
  - 지원형태: 제 3국 연수, 전문가 파견, 파트너십
  - 지원방식

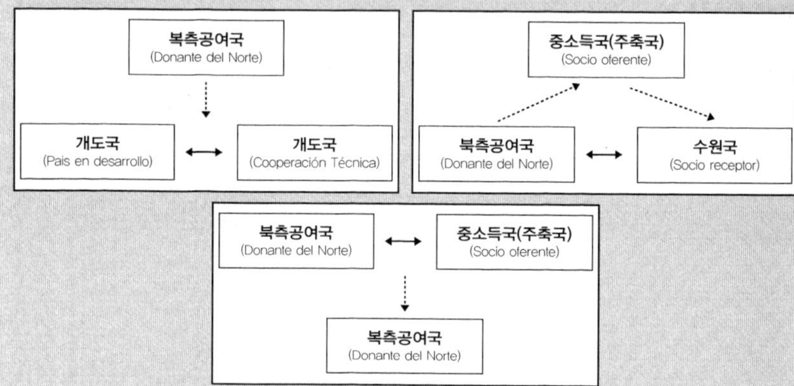

출처: Alonso, Aguirre y Santander(2011)

독일은 삼각협력을 수원국의 수요를 기반으로 중소득국(남측공여국)과 전통적인 공여국의 경험과 지식을 공유하고 수원국에 지원하며 모든 행위주체 간 장기적으로 협력체계를 구축할 수 있는 효용적인 수단으로 인식하고 있다.[89]

---

89 GIZ(2016), *Triangular Cooperation from Germany's Perspective, Regional Fund for Tringular Cooperation in Latin America and the Caribbean*, Lisbon: GIZ

독일의 지원 사례에서는 중남미 지역 삼각협력 기금을 소개하고자 한다. 2010년 독일연방경제협력부(German Federation Ministry for Economic Cooperation and Development, BMZ)의 재정적인 지원과 실행기관으로서 참여한 GIZ은 현재 19개국에서 35개의 삼각협력 프로젝트를 이행하고 있다. 본 기금에 의해 추진되고 있는 삼각협력 사업은 온라인 플랫폼 구축을 통한 역량개선, 역량개발과 교육, 정책차원에서 지역협의체를 통한 포럼 개최를 지원하고 있다.[90]

[표 5-6] 독일의 지원 사례: 라틴아메리카 카리브 지역 삼각협력 지역기금

구분	삼각협력을 위한 라틴아메리카 카리브 지역기금(Regional Fund for Triangular Cooperation In Latin America and the Caribbean)
목표	– 관련분야의 인적역량 개발, 제도적인 역량 강화, 지식과 경험 공유 – 기술적인 정보 및 지식의 생산, 보급, 교류지원 – 라틴아메리카와 카리브 지역 관련기관 간의 교류확대 지원
참여기관	– 공여국(traditional provider): 독일(BMZ, GIZ) – 남측공여국(south provider): 신흥공여국, 중소득국(멕시코, 칠레, 브라질) – 수원국(beneficiary)
지원내용	– 온라인 플랫폼 구축, 제도 및 체제 강화, 역량구축을 위한 네트워크 구축 – 역량개발과 교육 – 중남미 지역 차원의 교류확대를 위한 지역포럼 개최

출처: GIZ(2016)

다음과 같은 단계를 거쳐 삼각협력 사업을 진행하고 있다. 첫 번째 단계에서 중남미의 남측공여국, 수원국이 프로젝트를 구상하여 GIZ 해외 사무소와 논의한 뒤 매년 5월과 11월 2회 독일 대사관에 프로젝트를 제출한다. BMZ은 타당성과 효과성을 기준으로 프로젝트를 검토한 후 승인하면

90 Ibid.

BMZ이 GIZ 현지사무소에 사업진행을 요청하며 이를 토대로 GIZ은 남측 공여국, 수원국과의 협의 이후 사업을 진행하게 된다.

[그림 5-4] 라틴아메리카 삼각협력 지역기금 집행절차

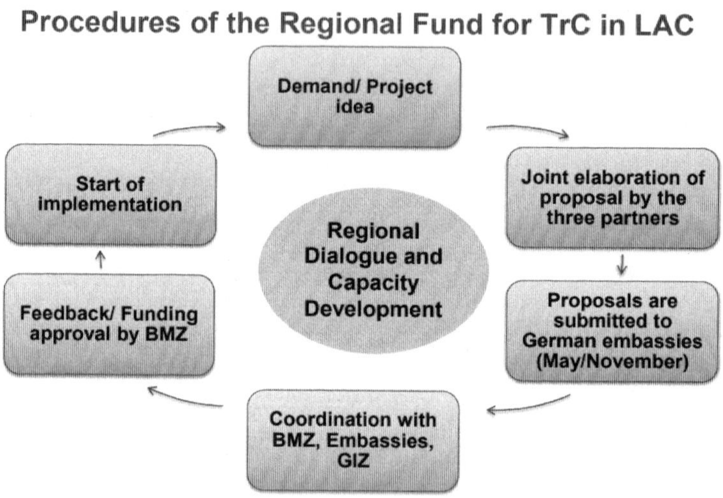

출처: GIZ(2016)

스페인

개발협력법에 명시되어 있는 것처럼, 스페인은 중남미 지역이 스페인의 과거 식민지였다는 특수한 역사, 문화적인 연계를 지녔으며 이러한 맥락에서 개발협력의 지원에서 우선적으로 고려하고 있다. 2012-2013년 중남미에 대한 스페인의 ODA지원은 29%에 이르고 있다. 스페인은 식민지 시대부터 구축해 온 다양한 협력 체제를 현재까지 지속하고 있으며 중남미에 대한 역사적, 행정적인 경험을 보유하고 있다.

스페인 개발협력의 목표는 빈곤감축, 인적역량의 강화, 인권상황의 개선이며 환경, 식량안보와 같은 글로벌 과제의 경우 다자기관과 중소득국가와의 협력체계 구축을 통한 지원을 확대하고 있다. 특히, 스페인은 2010-2014년 양자원조를 69%에서 33%로 감축했으며 다자원조에 대한 지원을 강화하면서 다자원조는 양자원조의 보완적인 역할로서 인식하고 있다. 또한 스페인은 취약국과 저소득국에 대한 지원보다 중소득국가에 대해 초점을 두고 있으며 이들에 대한 지원에서 불평등 개선을 통한 사회통합, 문화에 기반한 취약계층의 역량강화, 지식공유와 이전을 강조하고 있다.[91]

스페인은 제4차 마스터플랜(Plan Director 2013-2016)에서 협력국 수를 50개에서 23개국으로 축소했으며 중점적으로 지원해 왔던 다자기구의 수를 2011년 85개에서 2014년 69개국으로 감축하였다.[92]

제4차 마스터 플랜에 의하면,[93] 스페인은 협력국의 인적개발 상황(HDI), 협력국에서 스페인 개발협력의 잠재적 영향력, 지역협력 프로그램을 추진하고 있거나 향후 추진할 수 있는 가능성, 다른 공여국의 출구 상황 등을 토대로 협력국을 선정하고 있다.

다음과 같이 볼리비아, 콜롬비아, 쿠바, 에콰도르, 엘살바도르 등 12개국은 집중적인 지원이 필요한 중점협력국으로 분류되어 있다. 향후 4년간 개발협력을 중단하거나 개발협력 정책방향의 전환이 필요한 국가는 아르헨티나, 브라질, 칠레, 코스타리카, 멕시코, 파나마, 우루과이, 베네수엘라 등 8개국이다. 이 국가들은 상위중소득국으로서 글로벌 과제에 대한

---

91 OECD DAC(2016b), *OECD Development Co-operation Peer Reviews: Spain 2016*, Paris: OECD, p. 39.

92 Ibid., p. 17.

93 http://www.cooperacionespanola.es/sites/default/files/plan_director_cooperacion_espanola_2013-2016.pdf (검색일: 2017. 8. 16).

지원, 남남협력과 삼각협력의 확대, 출구전략 수립 등 특정한 전략을 통해 접근하고 있으며 사무소를 폐쇄하거나 지역사무소로 전환할 가능성을 검토하고 있다.

또한 지역차원의 협력을 강조하면서 중미통합기구(SICA)와 같은 지역기구를 통한 협력을 확대하고 있으며 이들과는 기후변화, 인도적 지원 등 특정이슈를 중심으로 지원방안을 모색하고 있다.

[표 5-7] 스페인의 중남미 협력국가 구분

중점협력국 (12개국)	사무실 폐쇄 혹은 새로운 정책수립
볼리비아, 콜롬비아, 쿠바, 에콰도르, 엘살바도르, 과테말라, 아이티, 온두라스, 니카라과, 파라과이, 페루, 도미니카 공화국	아르헨티나, 브라질, 칠레, 코스타리카, 멕시코, 파나마, 우루과이, 베네수엘라
-집중적인 지원이 필요한 중점협력국	-개발협력 중단, 출구전략의 수립 -상위중소득국으로서 개발협력 정책의 전환 -지역차원의 지원을 위해 지역사무소 개설 -글로벌 과제, 남남협력과 삼각협력 강화

출처: Plan Director(2013-2016)

스페인 개발협력 프로그램의 사례와 관련하여 중미지역기구(SICA)에 대한 지원을 다루고자 한다. 스페인은 스페인과 SICA 기금을 통해 중미에서 빈곤감축과 인적역량 강화를 위한 정책수립과 집행의 과정에서 SICA의 효과적인 역할 제고에 대해 지원하고 있다. 또한 SICA의 제도적인 역량강화, 긴급 상황과 재해가 발생하는 경우, 이해관계자의 개입과정에서 조정의 역할, 지역의 경제통합 등을 지원하고 있다. 이외에도 스페인은 기후변화와 관련하여 UNDP, 역내 네트워크를 통해 경험과 기술을 공유하고 제도적인 역량을 강화하기 위해 지원하고 있다.

[Box 5-2] 스페인의 지원 사례: 중미에서 지역통합과 글로벌 공공재에 대한 지원

- **프로젝트** : 중미통합기구(SICA)와의 협력을 통한 지역통합 및 글로벌 공공재 지원
- **기간 및 예산** : 2010–2013, 2,500백만불
- **목적** :
  - 스페인과 SICA 기금을 통해 중미에서 SICA가 역내 빈곤감축과 인적역량을 강화할 수 있는 공공정책의 수립과 집행을 위한 역할 제고
  - 제도적인 역량강화, 민주적인 안전(긴급상황, 자연재해 발생 시 개입에 있어서 조정 지원), 경제통합
- **환경과 관련된 스페인의 지역 프로그램 지원**
  - 기후변화와 관련된 지역기구, 관련된 기술의 공유를 위한 네트워크 체제 지원
  - 기후변화와 관련한 UNDP의 프로그램 지원(기후변화의 완화와 적응과 관련된 기술과 경험 공유, 제도적인 역량)

출처: OECD DAC(2016b)

네덜란드

네덜란드는 다자주의 외교정책, 국제법의 중시, '협의'를 통한 조합주의, 사회적 합의와 통합의 제도적인 체제의 구축을 기반으로 1975년 이래 UN의 목표인 ODA/GNI의 0.7%이상을 유지해 왔던 북유럽형 ODA모델 국가였다.[94] 그러나 2013년과 2014년 ODA/GNI는 0.7%이하로 감소했다가 2015년 0.75%로 증가했으나 2016년 0.65%에 이른 것으로 예측되고 있으며 2017년과 2019년도 감소할 것으로 전망되고 있다.[95]

네덜란드 대외원조 역사는 자국 식민지 국가들의 독립 이후 이들과의 우호관계를 유지하기 위한 일환으로 시작되었으며 안보, 개발협력, 외교에 대한 통합적인 접근이라는 3Ds(Defense, Development Cooperation,

---

94 정상희(2010), 『선진원조 집행방안 모색을 위한 국별 비교연구』, 성남: 한국국제협력단.

95 OECD DAC(2017), *OECD Development Co-operation Peer Reviews: The Netherlands 2017*, Paris: OECD.

Diplomacy) 원칙에 따라 추진되어 왔다.

네덜란드는 '선택과 집중'의 원칙에 따라 협력국 수와 중점분야를 집중하고 있으며 협력국 수는 40개국에서 33개국, 현재 15개국으로 감소하였다. 빈곤감축과 포용적인 성장(Inclusive Growth)을 목표로 하고 있으며 중점분야는 안보, 물, 이민, 기후변화, 성평등, 무역이라는 주제에 집중하고 있으며, 경제외교, 다자기관에 대한 지원, 민간부문과 시민사회와의 협력을 강화하고 있다.

네덜란드는 저소득국가와 취약국 대한 지원을 집중하고 있으며 따라서 중남미 국가에 대한 전반적인 지원규모는 감소하고 있으며 2015년 기준 전체 지원 중 약 10%를 지원하였다. 기존 협력국이었던 볼리비아, 니카라과, 콜롬비아, 과테말라, 수리남은 2015년까지 출구전략(Exit Strategy) 국가에 속해 있었다.

네덜란드는 다음과 같이 협력국의 개발환경에 따라 ①MGDs달성, ②안보와 개발, ③광범위한 협력국, ④출구전략국으로 분류했으며 이러한 4가지 다른 목표에 따라 차별화된 전략을 통해 접근하였다.

[표 5-8] 네덜란드의 협력국가 구분(2011)

구분	①Profile1	②Profile2	③Profile3
목표	MDGs달성	안보와 개발	광범위한 관계
기준	• 저소득국 • 취약성이 지배적인 문제가 아님. • 정부구조가 공동으로 일할 수 있는 가능성이 있음.	• 취약성 혹은 불평등이 빈곤감소를 저해함.	• 중소득국 • 취약성이 지배적인 문제가 아님.
개발협력관계의 지속(2012-2015)			

협력 국가	베냉, 에티오피아, 말리, 모잠비크, 르완다, 우간다	아프가니스탄, 부룬디 팔레스타인 영토, 남수단, 예멘	방글라데시, 가나, 인도네시아, 케냐
개발협력관계를 종료할 예정(2012-2015)			
협력 국가	**볼리비아**, 부르키나 파소, 몽골, **니카라과**, 세네갈, 탄자니아, 잠비아	**콜롬비아***, DR콩고, **과테말라**, 코소보, 파키스탄	이집트, 조지아, 몰다비아, 베트남*, 남아프리카*, **수리남**

자료: OECD DAC(2011b)
*광범위한 관계로 발전될 예정

2013년 새로운 전략문서(A World to Gain)에 의하면 협력국을 1. 원조관계(Aid relationships), 2. 과도기적 관계(Transitional relationships), 3. 무역관계(Trade relationships)로 분류하고 있다.[96]

원조관계로 분류된 국가는 자체적인 역량이 부족하며 원조의 지원 없이 효과적인 빈곤감소를 달성할 수 없으며 분쟁에 의해 영향을 받은 국가, 분쟁 후 국가, 취약국이 속하고 있다. 아프가니스탄, 부룬디, 말리, 팔레스타인 영토, 르완다, 남수단, 예멘이 해당된다. 또한 지역차원에서 중미 프로그램에 속해 있는 과테말라, 온두라스, 니카라과, 엘살바도르를 지원하고 있는데 네덜란드는 향후 중미 지역과는 지원을 중단하고 무역과 투자관계를 확대할 계획이다.

과도기적 관계의 국가들은 경제가 성장하고 있는 중저소득국들이 해당되고 있으며 원조와 무역의 병행을 통한 지원이 강조되고 있다. 빈곤퇴치 프로그램 외에도 네덜란드는 이들의 시장접근과 기업환경 개선을 지원하고 있는데 향후 원조지원을 중단하고 무역에 중점을 두고자 하는 국가들

96 Ministry of Foreign Affairs of the Netherlands(2013), *A World to Gain, A New Agenda for Aid, Trade and Investment*, Ministry of Foreign Affairs of the Netherlands, pp. 6-7.

이 속해 있다. 방글라데시, 베닌, 에티오피아, 가나, 인도네시아, 케냐, 모잠비크, 우간다가 이러한 분류에 속하고 있다.

무역관계는 무역과 투자의 확대를 목표로 하는 국가이며 네덜란드의 경제성장과 고용확대에도 초점을 두고 있다. 벨기에, 호주, 미국, 한국, 브라질, 프랑스, 독일, 중국, 콜롬비아, 독일, 인도, 이라크, 말레이시아, 멕시코, 나이지리아, 폴란드, 루마니아, 싱가포르, 남아프리카 공화국, 터키, 우크라이나, 베트남 등이 속하고 있다.

이처럼 네덜란드는 국제사회에서 환경의 변화에 따라 개발협력을 통한 새로운 역할을 추구하고 있으며 원조를 지원받는 수원국에서 무역관계를 위한 협력국까지 모두 포함하는 정책을 수립하고 있다.

[Box 5-3] 네덜란드의 지원 사례: 콜롬비아에서 지속가능한 바나나 생산

- **프로젝트** : 콜롬비아에서 지속가능한 바나나 생산
- **지원내용**
  - 콜롬비아의 민간부문(Augura, 콜롬비아 바나나 재배자 협회)과의 협력을 통해 포괄적인 성장을 위한 비즈니스 모델 구축, 네덜란드 시장과 연계
  - 콜롬비아의 지속가능한 바나나 생산을 위한 인프라 지원
- **결과** :
  - 민관협력(PPP)를 통해 성공적이며 포괄적인 성장 비즈니스 모델 구축
  - 콜롬비아 바나나 생산자들의 네덜란드 시장 진출과 공정한 가격에 의한 판매로 수익창출
  - 지속가능한 바나나 생산을 위한 인프라 개선을 통해 생산성 향상

출처: Ministry of Foreign Affairs of the Netherlands(2013)

네덜란드에서는 네덜란드가 강조하는 민간부문과의 협력형태(PPP)를 통한 지원 사례를 다루었다. 네덜란드는 콜롬비아 바나나 재배자 협회(Augura)와의 협력을 통해 지속가능한 바나나 생산을 위한 인프라를 지원했으며 네덜란드 시장과 연계하여 바나나를 수출할 수 있도록 지원하였다. 이 프로젝트의 결과 콜롬비아의 바나나 생산자들은 공정한 가격을 통해 네덜란드 시장에 진출할 수 있었으며 이로 인해 수익 창출이 가능하였

다. 또한 지속가능한 바나나 생산을 위한 인프라 개선이 이루어지면서 생산성이 향상 되었으며 따라서 이 프로그램은 성공적인 PPP모델로 평가 받을 수 있었다.

일본

일본은 개발, 외교, 안보라는 3D(development, diplomacy, defence)에 대한 통합적인 접근을 통해 ODA정책에서 전략적인 측면을 강조하고 있으며 보건, 재해방지, 기후변화와 같은 글로벌 이슈에서 일본의 역할을 확대하고 있다.[97] 또한 ODA는 일본 외교정책과 국익에서 중요한 요소로서 인간안보(human security), 지속가능한 성장, 평화와 안보를 중점적인 지원분야로 고려하고 있다.[98]

일본은 아시아 국가 중 중남미 최대 투자국이며 경제적인 목적 뿐 아니라 국가 이미지 제고, 일본계 후손의 지위향상 등 역사와 사회적인 동기에 따라 미국과 같은 광역차원의 접근방식을 통해 중남미 국가를 지원하였다.

일본은 1970년대 이래 중남미 주요 공여국이었으나 중남미에 대한 지원을 감축하고 있다. 특히, 중남미 국가에 대한 지원방식에서 나타나는 특성 중 하나는 중남미 신흥 공여국과의 협력을 통한 남남협력과 삼각협력의 확대, 환경과 같은 글로벌 공공재에 대한 지속적인 지원이다. 이외에도 중미통합체(SICA), 카리브공동체(CARICOM), 미주개발은행(IDB), 남미공동

97 OECD DAC(2014), *OECD Development Co-operation Peer Reviews: Japan*, Paris: OECD, p. 24.

98 Ibid., p. 31.

시장(MERCOSUR) 등 중남미 지역기구와의 협력을 통한 지원을 강화하고 있다.

일본은 중남미 대륙을 중미와 카리브 및 남미 등 2개 지역으로 크게 구분하고 있다.

중미와 카리브 지역은 중소규모의 국가가 집중되어 있으며 대체로 중하위소득국들이 위치해 있다. 따라서 일본은 이 지역 국가에 대해 정치, 사회적인 불안 요인을 제거 하는 등 평화 구축과정과 경제성장을 통한 빈곤완화 정책에 주력하고 있다.

남미지역은 비교적 경제규모가 크고 일본과의 경제관계가 활발한 국가들이 위치해 있다. 따라서 이 지역 국가들에 대해서 투자환경의 개선과 중소기업 육성 등 지속가능한 경제성장을 위한 환경조성을 지원하고 있다.

[표 5-9] 중남미 국가에 대한 일본의 접근형태

최종 목표	• 지역의 경제성장을 통한 빈곤감소 • 일본과 중남미간의 경제관계 활성화(FDI), 일본기업의 활동환경 개선 • 일본계 교민의 지위 향상
정책 수단	• 인프라 수요 충족(Meeting infrastructure requirements) • 풀뿌리 협력(Gross-roots cooperation) • 남남협력(South-South Cooperation) • 역내협의체를 통한 지원
중미 · 카리브	• 지역상황: 중소규모 국가 집중, 낮은 경제발전 수준 • 상위목표: – 분쟁으로 인한 정치, 사회 불안요소 제거⇒ 평화구축 지원 – 인프라 개선, 고용문제 해결 ⇒ 경제성장⇒ 빈곤완화 • 무상원조 중심 • 주요 정책수단 – 풀뿌리 협력(볼리비아, 엘살바도르, 온두라스, 니카라과 등 저소득 중심) – 역내협의체(SICA, CARICOM)를 통한 지원

남미	• 지역상황: 경제규모가 크고 높은 경제발전 수준
	• 상위목표:
	  – 협력과 교류: 일본과의 경제관계 활성화, 일본기업 활동 환경개선
	  – 지역의 경제발전: 투자환경 정비, 중소기업 육성
	  – 환경 분야: 아마존 밀림지역
	• 유상원조 중심
	• 주요 정책수단
	  – 인프라 개선: 남미인프라통합 계획(IIRSA) 등 지원
	  – 남남협력

출처: 정상희(2010)

이처럼 일본은 중남미 23개국에 사무소를 설치했으며 광역차원의 접근을 통해 지원하고 있다. 일본은 멕시코, 브라질, 칠레, 아르헨티나 등과의 파트너십 체결을 통해 이들 국가의 역내 리더십을 활용하고 이를 기반으로 그 외 소득수준이 낮은 제3의 국가들을 지원하는 삼각협력과 같은 지원형태에서 선두적인 역할을 하였다.

[Box 5-4] 일본의 지원 사례: 멕시코, 파라과이와의 삼각협력

- **프로젝트** : 파라과이 소농을 위한 참깨 생산성 개선 프로젝트
- **기간** : 2012-2016년
- **목적** :
  - 멕시코와 일본의 파트너십 활용을 통해 파라과이 소농의 참깨 생산성 개선
  - 참깨 생산 시스템 및 기술적인 역량강화 지원
- **환경과 관련된 스페인의 지역 프로그램 지원**
  - 연구소, 학계 등 민관협력을 통해 참깨의 생산성 개선
  - 개량품종의 식별, 유전자 개선, 참깨 생산자들의 기술적인 역량개선
  - 소규모 농가에 새로운 기술 보급
  - 파라과이 국립대학교 농대의 실험, 연구소의 역량강화

출처: JICA

다음의 일본사례는 삼각협력을 통한 파라과이 소규모 농가를 위한 참깨 생산성 개선 프로젝트이다. 멕시코와 일본의 파트너십 활용을 통해 참깨 생산 시스템과 농민들의 기술적인 역량강화를 지원하였다. 이 프로젝트

에서 JICA는 파라과이 국립대학교의 농대, 멕시코의 농업 연구소와의 협력을 통해 민관협력 형태를 통해 사업을 추진하였다.

이와 같이 일본은 제3국 연수(Third Country Training Program), 파트너십 프로그램(Partnership Program), 전문가 파견 등의 방식을 통해 삼각협력을 추진해 왔다. 이 프로젝트는 기존 멕시코와의 파트너십 프로그램을 기반으로 파라과이를 지원한 사례이다. 멕시코와 파라과이가 동일한 언어를 사용하고 사회, 문화적인 측면에서 유사성을 보유하고 있다는 측면에서 JICA는 직접적으로 실행하는 역할보다는 멕시코의 실행기관이 참여함으로써 파라과이의 현실상황에 부합하는 사업을 추진할 수 있었다.

3. 주요 수원국

2013년-2015년 중남미 주요 수원국은 콜롬비아, 아이티, 브라질, 볼리비아, 온두라스, 멕시코, 니카라과, 과테말라, 페루, 쿠바 순이었으며 기타 협력국에 대한 지원 비율은 전체의 35%를 차지하였다. 이러한 통계를 통해 공여국의 중남미에 대한 지원은 소수 국가에 편중되어 이루어지기보다는 다수국가에 비교적 균등하게 지원되었음을 알 수 있다. 콜롬비아는 콜롬비아 플랜을 통해 미국으로부터 대규모 지원을 지속적으로 받아왔다. 아이티는 2010년 대지진 이후 재건복구의 과정에서 대규모의 인도적인 지원을 받아왔다.

[표 5-10] 중남미 주요 수원국(2013-2015)

순위	국가	2013	2014	2015	3년 평균	비율(%)
1	콜롬비아	857	1,224	1,347	1,143	11
2	아이티	1,152	1,082	1,043	1,092	11
3	브라질	1,156	914	999	1,023	10
4	볼리비아	702	675	787	721	7
5	온두라스	626	606	537	590	6
6	멕시코	562	815	309	562	6
7	니카라과	496	431	454	460	5
8	과테말라	497	280	408	395	4
9	페루	364	328	332	341	3
10	쿠바	99	262	553	305	3
11	기타 수원국	3,780	3,397	3,318	3,499	35
합계		10,292	10,015	10,087	10,131	100

출처: OECD DAC(2017)
*순지출 기준, 백만불

4. 중점지원 분야

1990년대 이래, 사회제반 시설과 서비스 분야에 지원이 집중되었으며, 그 외 경제, 생산 분야 및 다부문, 프로그램 지원 순으로 이루어졌다.

사회인프라와 관련하여 기초교육, 거버넌스, 시민사회, 물, 위생, 보건 등에 대한 지원이 이루어졌으며 경제, 생산부문의 경우 농업, 조림, 어업, 교통통신, 기업환경, 광업, 건축부문에 지원되었다.

주요 지원 분야 중 하나인 교육 부문은 독일, 미국, 프랑스 등이 엘살바도르, 브라질, 아이티, 콜롬비아, 멕시코 등에 지원하였다. 세부 분야별로 볼때 중등이후 교육, 중등교육, 교육정책 및 연수, 기초교육에 주로 지원

되었다. 보건 분야는 미국, 글로벌 펀드, 캐나다, IDA, WHO 등 다자기관의 지원이 두드러지고 있으며 아이티, 온두라스, 니카라과, 과테말라 등 저소득국에 지원이 집중되었다. 세부분야별로는 인구정책, HIV/AIDS, 기초보건, 일반 보건 등에 지원되었다. 수자원 분야에 대한 지원은 프랑스, 독일, EU기관, 쿠웨이트 등이 볼리비아, 멕시코, 에콰도르, 니카라과, 엘살바도르, 아이티 등을 지원했으며 식수공급 및 위생, 수자원 정책에 집중하였다.

[그림 5-5] 중남미 ODA 분야별 지원추이

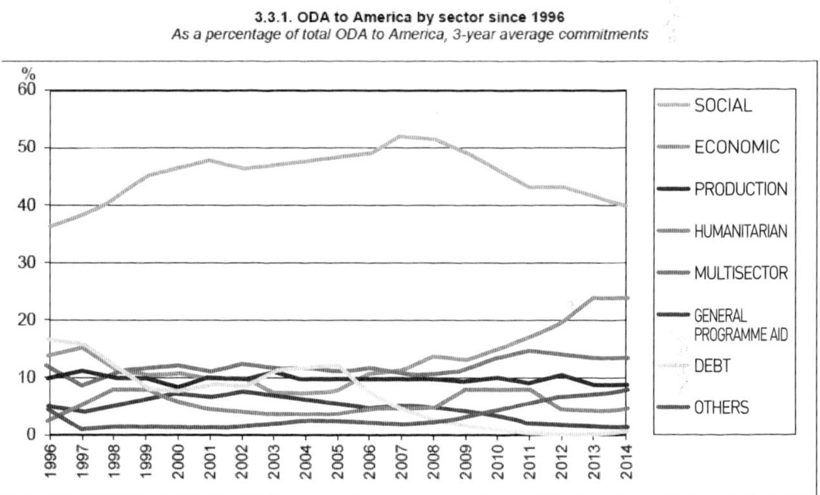

출처: OECD DAC(2017)

CHAPTER

6

한국의 ODA역사와 중남미 지원현황

1. 한국의 ODA역사
2. 중남미 ODA지원현황
3. 중점협력국 CPS
4. 중남미에 대한 정책방향

6장

한국의 ODA역사와 중남미 지원현황

1. 한국의 ODA역사

한국은 1945년 이후 1999년까지 127억불을 지원받았던 수원국이었으며 이러한 한국의 수원 역사는 국가발전 과정과 불가분의 관계에 있다.

한국 수원의 역사에서 특히 1945년부터 1960년까지는 원조에 대한 의존비율이 가장 높은 시기였으며 미국으로부터 긴급구호 형태의 무상원조를 대규모로 지원받았다.

1960년대 초반부터 1970년대 말 한국의 경제발전 과정에서 원조는 중요한 역할을 담당했으며 이 시기 자금의 성격은 무상원조에서 양허성 차관으로 전환되었고 미국, 일본, 독일 등 공여주체도 다양화되었다.

이후 1995년 한국은 세계은행의 차관 졸업국이 되었으며 2000년 DAC의 수원국 리스트에서 제외 되면서 수원국에서 공여국으로서 역할하게 되었다.

한국 원조공여의 역사는 대미관계의 틀 내에서 삼각협력 형태로 시작되었다. 1963년 미국국제개발청(USAID)의 자금으로 개도국 연수생의 위탁 훈련 사업을 시작했으며 1965년부터 외국 연수생 초청사업을 자체적으로 추진하였다. 1977년 외교부는 최초로 백만 달러 상당의 물자지원을 실시했으며 1982년부터 개도국 주요 인사들을 초청하여 한국의 개발경험을 공유하는 국제개발 교환프로그램(International Development Exchange Programs, IDEP)을 시작하였다.[99]

[표 6-1] 한국외교와 경제정책 기조에 따른 개발원조의 역사

구분	해방직후~1960년 (건국 · 승인외교)	1960년대 초반– 1970년대 말 (안보, 통일, 경제외교)	1980년대 이후 (북방외교 문화적 요소, 이미지)
환경적 요인	2차 세계대전 한국전쟁, 분단 국내외 냉전체제	한일국교 정상화 베트남 전쟁 양극화→다극화 비동맹세력의 출현	냉전종식 외교관계의 다변화
대외정책의 우선목표	정부승인 획득 남북한 경쟁외교 (정통성 경쟁) 안보, 통일	안보 경제외교 통일	안보 경제외교 평화통일기반 조성외교
경제정책과 성장방식	원조경제 경제재건 자본형성 소비재 중심 수입대체	수출 지향적 경제정책 차관경제 (한일경협, 베트남 파병) 중화학 공업 육성 정부주도의 공업화 가속	구조조정 기 경제위기

99 http://www.odakorea.go.kr/ODAPage_2012/T01/L03_S02_02.jsp(검색일: 2017. 8. 18).

공적개발 원조와의 관계	1945년 해방과 한국전쟁 전후 원조수원국	1963년 미국 국제개발청(USAID)의 협력 하에 개도국 연수생 초청사업 실시 1965년 자체적인 연수생 초청사업 실시 1977년 물자 지원 사업 실시(외교부)	1982년 국제개발교환 프로그램 실시(IDEP) 1987년 EDCF 및 1991년 KOICA 설립 WB, DAC수원국 졸업

출처: 정상희(2010)를 토대로 작성

위의 표에서처럼 1980년대 이후 한국은 대외원조에 대한 의존이 점차적으로 감소했으며 1987년 대외경제협력기금(Economic Development Cooperation Fund, EDCF)과 1991년 한국국제협력단(Korea International Cooperation Agency, KOICA)이 설립되었다.

2000년 한국은 OECD DAC의 수원국에서 졸업했으며 2010년 OECD DAC에 회원국으로 가입했으며 본격적으로 원조 공여국으로서의 역할을 확대하게 되었다.

법, 제도적인 측면에서 국제개발협력기본법 및 시행령을 제정하고 국무조정실에 개발협력정책관실을 신설했으며 국제개발협력 선진화 방안을 수립하였다. 또한 분야별 국제개발협력 전략(2011-2015), 제2차 국제개발협력기본계획(2016-2020), 제1, 2차 국가협력전략(Country Partnership Strategy, CPS)의 수립[100]을 통해 정책적인 토대를 구축하였다. 또한 다양한 행위주체의 증가로 인해 국내차원에서 '무상원조 관계기관 협의회'를 개최하고 있으며 무상원조사업의 중복 방지 및 연계 강화를 추구하고 대외차원에서 ODA 협력국 내 재외공관을 중심으로 현지 협의체를 개최하여

100 김은미 외(2016), "최신 국제개발·협력 논의동향 분석", 『국제개발협력연구』, 제8권 2호, pp. 96-97.

현장중심의 ODA가 이행될 수 있는 협의 체제를 구축하였다.[101]

[그림 6-1] 한국의 ODA지원추이(2009–2015)

(순지출 기준, USD백만)

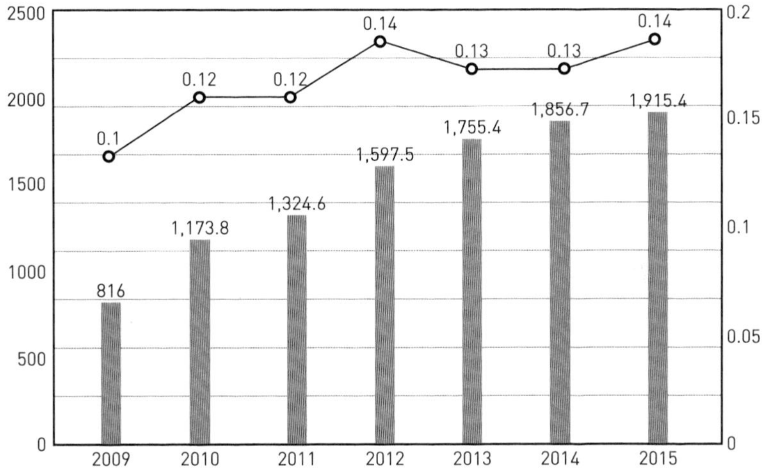

출처: ODA Korea
*총 ODA, ODA/GNI(%)

한국은 새로운 SDGs체제에서 전체 ODA 중 70%를 SDGs목표와 관련되며 우리의 비교우위 분야라고 할 수 있는 산업화, 빈곤퇴치, 보건, 교육, 물, 위생분야에 지원할 계획이다.[102] 또한 2020년까지 GNI 대비 ODA 지원 비율을 0.20%까지 높여 지속적으로 ODA규모를 확대할 계획이다. 또한 국제기구의 전문성과 네트워크를 활용하고 양자원조와의 시너지 효과를 창출하기 위해 2016년 '다자협력 추진전략'을 수립했으며 유엔개발

---

101 http://www.mofa.go.kr/trade/development/policy/index.jsp?mofat=001&menu=m_30_130_10(검색일: 2017. 8. 19).

102 관계부처합동(2016a), "17년 국제개발협력 종합시행계획" 참조.

계획(UNDP), 세계식량계획(WFP), 유엔아동기금(UNICEF), 유엔난민기구(UNHCR) 등과의 협력을 통해 인도적 지원 등에서 전략적인 협력을 강화하고 있다.[103]

한국 개발협력 사업의 발전과정에서 논의되고 있는 한계점과 개선사항은 다음과 같다.[104] 1. ODA/GNI비율의 확대, 2. 개발을 위한 정책일관성(Policy Coherence for Development, PCD) 확보, 3. 인도적 지원의 강화, 4. 신흥공여국과의 공조 강화, 5. 한국의 개발협력 정책과 SDGs와의 연계성 강화, 6. 다양한 개발재원 활용방안 마련이다.

'2017년 국제개발협력 종합시행계획'에 의하면 한국은 새로운 행위주체

103 http://www.mofa.go.kr/trade/development/policy/index.jsp?mofat=001&menu=m_30_130_10(검색일: 2017. 8. 19).

104 김은미 외(2016), op. cit., pp. 97-98.

의 출현에 따라 발생하는 중복사업과 비효율성의 문제를 극복하기 위하여 기관 간 연계 가능한 사업과 중복, 유사사업을 조사하여 사업을 조정하고 있으며 이러한 전략적 연계를 통해 시너지 효과를 창출하고자 한다. 또한 민간기업 등 다양한 주체와의 협력 사업을 확대할 계획이다.[105]

한국의 ODA는 무상과 유상으로 분리되어 있으며 무상원조의 주관 및 집행기관은 외교부와 한국국제협력단(KOICA)이였으나 최근 정부부처, 산하기관, 지방자치단체 등 약 30여개 기관이 집행기관으로 참여하고 있다. 유상원조의 주관 및 집행은 기획재정부와 수출입은행이 담당하고 있다. 국제개발협력위원회는 총괄 및 조정기구이며 ODA에 관한 정책들을 종합적이며 체계적으로 추진하기 위해 주요 사항을 심의, 조정하는 역할을 담당하고 있다.[106]

[그림 6-2] 한국의 ODA정책추진 체계

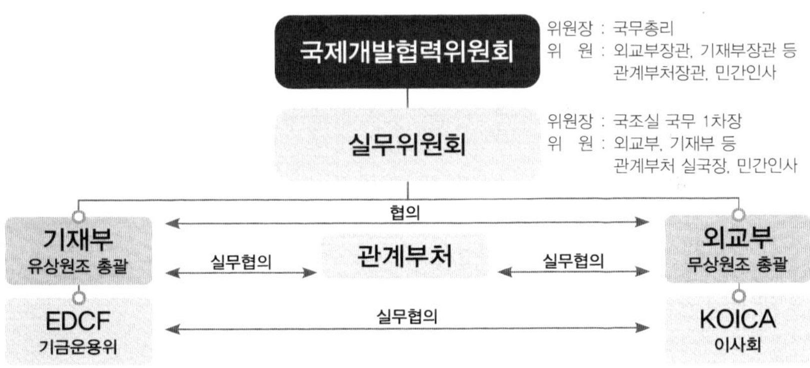

출처: 외교부

105 관계부처합동(2016a), op. cit.

106 http://www.odakorea.go.kr/ODAPage_2012/T02/L02_S01.jsp(검색일: 2017. 8. 18).

2. 중남미 ODA지원현황

중남미는 중소득국으로 구성된 지역이며 국제개발협력의 관점에서 우선적으로 고려되는 지역이 아니다. 앞장에서 분석했던 것처럼 2000년대 경제, 사회적인 발전으로 인해 빈곤과 불평등 감소가 이루어졌다. 그러나 계층, 지역, 인종 간 불평등 문제가 지속되고 있으며 반면 새로운 신흥공여국이 등장하면서 기존 DAC의 전통공여국들은 중남미에 대한 정책방향을 전환하고 있다. 따라서 앞에서도 언급했던 것처럼 출구전략을 수립하거나 신흥공여국과의 협력을 통한 삼각협력, 민관협력, 지역기구에 대한 지원을 확대하고 있다.

[그림 6-3] 한국의 대륙별 ODA지원추이(2009-2015)

(순지출 기준, USD백만)

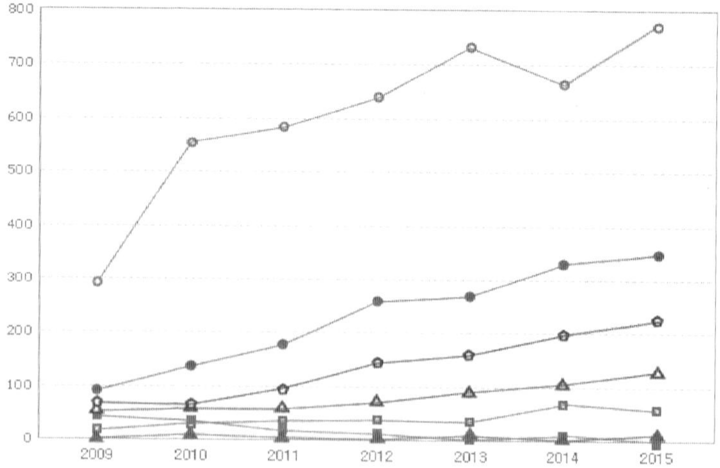

출처: ODA Korea

*위부터 아시아, 아프리카, 기타, 아메리카, 중동, 오세아니아 순

2008년부터 2015년 순지출 기준 아시아(46.3%), 아프리카(23.9%), 기타(17.1%)에 이어 중남미는 7.9%를 차지하였다.[107]

한국은 볼리비아, 파라과이, 콜롬비아, 페루 등 4개의 중점협력국을 선정했으며 이들을 중심으로 한국의 개발경험과 발전모델을 전수하고 지역의 포용적인 성장을 지원하고 있다. 유상원조는 경제발전경험 공유사업(Knowledge Sharing Program, KSP)의 전략적 협력대상국에 대한 경제인프라 구축에 주로 지원하고 있다.

'2015년 KOICA 연보'에 의하면, KOICA는 경제, 사회의 균형적인 성장을 목표로 중남미 31개국에 총 사업비의 10,8%가 해당되는 686억원을 지원했으며 2015년 전체의 5%에 해당되는 347억원을 지원하였다.[108] 과테말라, 엘살바도르, 온두라스에서는 치안불안을 해결하기 위해 SICA와 협력하여 치안통합프로그램을 추진하였다. 중남미 국가 중 소득이 높은 국가를 대상으로 경제개발 기반 인프라 구축 타당성 조사, 마스터플랜 수립 등 기술협력을 강화하였다.[109] 전체 지원 금액 중 콜롬비아(66억원, 19.1%), 파

---

107 http://www.odakorea.go.kr/ODAPage_2012/T02/L03_S01_03.jsp(검색일: 2017. 8. 19).

108 한국국제협력단(2015), "2015년 KOICA 연보".

109 Ibid.

라과이(63억원, 18.1%), 페루(52억원, 15.1%), 볼리비아(51억원, 14.8%) 순의 지원이 이루어졌으며[110] 이처럼 중점협력국에 대한 예산 집중도가 높고 보건의료, 기술환경에너지, 공공행정, 교육, 농업분야 등에서 프로젝트 중심의 원조가 추진되어 왔다.

최근 국제사회에서 멕시코, 브라질, 칠레, 콜롬비아 등 다양한 신흥공여국들의 역할이 확대되면서 이들과의 협력을 통해 삼각협력, 기술협력과 같은 형태의 새로운 지원 방식이 적극적으로 고려되고 있다.

3. 중점협력국 국가협력전략(CPS)

2016년 기준 한국의 중점협력국 총 24개국 중 중남미 중점협력국은 2012년, 2013년 1기 CPS수립 시기부터 현재까지 볼리비아, 파라과이, 페루, 콜롬비아 등 4개국이며 한국은 2016년부터 시작하는 2기 CPS를 수립하였다. CPS는 중점협력국에 대한 최상위 ODA 정책문서로서 중점협력국에 대한 이행 기간 내 ODA정책의 기본 틀과 방향을 제시하고 있다. 따라서 한국의 ODA 실행기관은 CPS를 기반으로 정책을 추진하고 있다.

CPS의 초안 작성은 문헌조사와 수원국과의 사전정책협의회를 통해 이루어지고 있다. 이러한 과정에서 관계부처, 재외공관, 외부전문가의 의견이 반영되고 있으며 국내 이해관계자들과의 협의를 통해 수립된 수정안을 통해 협력국가와의 협의과정을 거쳐 CPS가 완성되고 있다. 국내의 절차이며

110 Ibid.

마무리 단계로서 최종 합의된 수정안은 국제개발협력위원회에 상정하여 확정되고 있다.[111]

2016년부터 새롭게 수립된 CPS에는 2012년, 2013년부터 2015년까지 진행되어 온 원조의 성과를 평가하고 정치, 경제, 사회, MDGs 달성 등 수원국의 개발현황을 분석하고 있다. 또한 원조일치를 위해 수원국이 수립하고 있는 국가개발전략, 산업별 전략, 분야별 전략 등의 내용을 다루고 있다. 이는 우리의 전략 방향의 논리를 구축하는 부분으로서 중요한 단계로 볼 수 있다. 한국의 경우 중남미 협력국에 대해 CPS라는 행정 도구를 2012년부터 새롭게 도입함으로써 1기 CPS의 이행기간은 2012년, 2013년부터 2015년으로 되어 있다. 이미 CPS를 수립해 왔던 DAC의 전통 공여국들은 일반적으로 각 수원국의 국가개발전략 기간, 정부의 정권수립 시기 등에 대해 고려하고 수원국과의 협의를 통해 3, 4년 주기로 CPS를 수립하고 있다. 향후 한국 역시 CPS 수립과정에서 수원국별 개발전략의 기간과 정권의 주기에 따른 차별화된 CPS이행 기간을 설정하며 현재 정부기관 간 협의회로 국한되어 있는 제도적인 한계를 극복하기 위해 민간주체를 포함한 다각화된 이해관계자와의 협의를 통해 CPS정책을 수립할 수 있는 제도적인 체제를 구축할 필요가 있다.

수원국에는 ODA정책을 총괄, 조정, 이행하는 중앙정부 차원의 담당기관이 존재하고 있으며 국가에 따라 대통령실, 기획청, 외교부, 재무부 등은 원조와 관련된 정책과 실행의 기능을 담당하고 있다. 또한 실무차원에서 수원계획을 수립, 평가하고 공여국과 수원국 간의 조정역할을 담당하며 외부적으로 창구로 역할하는 기획청이 있으나 이러한 부서들은 실제 사업

111 http://www.devco.go.kr/contents.do?contentsNo=98&menuNo=336(검색일: 2015. 8. 1).

의 집행과 평가에서 역할과 기능이 미비하고 주정부나 지역의 관련부처 혹은 실행기관이 직접적인 실무부서로서 역할하고 있다. 따라서 이러한 기획청과 같은 부서들은 기능적인 측면에서 조정능력이 미비하며 타 부처와의 업무중복으로 인해 비효율적으로 운영되는 경우도 있다. 일부 공여국들은 이러한 기획청의 인적, 제도적인 역량을 강화하기 위한 지원 사업도 추진하고 있다.

국가에 따라 무상, 유상과 같은 자금의 성격에 따라 재무부 및 국회의 승인 절차가 필요한 경우도 있다. 수원국의 정치적인 환경에 따라 국회가 여소야대인 경우 정치적인 이유로 자금의 집행에 대한 승인절차가 늦어져 사업을 제대로 이행하지 못하거나 지연되는 경우도 발생할 수 있다. 이외에도 수원국에는 공여국 협의체가 존재하고 있다. 수원국의 기획청과 같은 기관이 중심이 되어 이러한 공여국 간 협의체제가 구축되어 있거나 공여국이 중심이 되며 기획청은 이러한 공여국 협의체의 옵서버로 참여하는 역할을 하기도 한다. 수원국에 따라 이러한 협의체는 정기적으로 개최되며 비정기적으로 운영되거나 아예 부재한 경우도 있다. 이처럼 공식적인 협의체가 기능하지 못하거나 부재한 수원국의 경우 공여기관들은 관련된 타 기관들을 별도로 접촉하여 사업의 중복성을 확인하고 상시로 타 공여기관과 정보를 공유해야 하는 경우도 발생할 수 있다.

볼리비아에는 볼리비아를 지원하는 23개 양자 공여국과 다자기관이 참여하고 있는 개발을 위한 파트너 그룹(GruS)이 있으며 농업, 보건, 교통 등 13개의 분야별 협의체가 존재하고 있다. 기존 공여국 협의체는 유럽계 DAC 공여국이 중심이 되었으며 정보교류 차원의 기능에 국한하였다. 코이카는 2011년 GruS에 가입하고 회원국으로 활동하고 있으며 농업과 보건 등 2개 분야별 협의체에 참여함으로써 타 공여국과의 원조조화를 위한 협력체계를 구축하였다. 오늘날 원조조화의 원칙이 강조되면서 이러한 공여국간 협의체와 관련하여 사업의 중복방지 혹은 공여국 간 전략적인 연계성을 높이기 위해 협력체계의 기능과 역할 개선의 필요성에 대한 인식이 확대되고 있다. 한국은 과거 이러한 공여국 협의체에 참여하지 않았으나 현재 적극적인 참여와 활동을 확대하기 위한 노력을 전개하고 있다.

CPS에는 정치, 경제, 사회, 개발의 영역에서 국가별 ODA추진 시 고려해야 하는 사항들이 언급되어 있다. 실례로 파라과이 CPS에는 농업국가에서 산업국가로 전환하면서 도시비율이 급속히 높아지고 있으며 이에 대한 지원이 필요하며 현 정부의 적극적인 외국인 투자유치와 기업 친화적 정책으로 인해 ODA사업 추진 시 민간참여의 가능성을 고려할 필요성에 대해 언급하고 있다.[112] 이외에도 볼리비아와 같은 중남미 좌파정부는 정치적인 성향에 따라 종속이론을 기반으로 원조를 공여국의 착취수단과 내정간섭의 일환으로 인식하고 있으며 원조에 대해 신중한 입장과 태도를 보이고 있다. 따라서 이러한 국가들과는 수원국 정부와의 충분한 협의와 수원국의 절차에 대한 존중을 통해 지원할 필요가 있다.

이처럼 CPS에는 수원국의 개발환경, 국가개발전략, 수원체계, 타 공여국의 지원상황과 협력체계 등에 대한 분석을 기반으로 향후 한국의 수원국에 대한 전략목표, 중점협력분야, 분야별 지원방안, 결과 틀이 제시되어 있다. 이외에도 한국의 협력과 SDGs에 기여하기 위한 방안을 언급하고 있으며 마지막으로 모니터링과 평가방안을 제시하고 있다. 수원국에서는 대통령 탄핵, 혁명 등으로 급격한 정치적인 변동이 발생하거나 선거를 통해 집권한 정부의 성격에 따라 정치적인 변화상황이 발생할 수 있다. 그 외 테러, 자연재해, 전염병, 경제적인 위기상황, 기관의 투명성 부족과 부정부패, 사업의 담당부서나 담당자 변경이 이루어질 수 있으며 이러한 위험 요인

---

112 관계부처합동(2016b), "파라과이 국가협력전략" 참조.

으로 인해 정책적인 지속가능성을 유지하기 어렵거나 사업수행이 지연되는 경우가 발생할 수 있다. 이러한 요인을 구체적으로 분석하고 수원국과의 협의를 통해 대응방안을 논의할 필요가 있다. 마지막으로 사업의 평가는 중점협력분야별 목표달성 여부를 평가하고 평가주체, 평가시기, 평가유형을 명확히 제시하며 평가를 통해 개선사항을 도출하고 이를 반영한 차기 전략을 수립할 수 있다.

[Box 6-1] CPS의 구성: 파라과이 사례

I. 원조성과평가
II. 수원국 분석
  1. 수원국 개발현황
  2. 수원국의 국가개발전략
  3. 수원체계 및 공여국간 협력체계
III. ODA추진 시 고려사항
IV. 우리나라의 지원계획
  1. 기본방향
  2. 중점협력분야
  3. 분야별 지원방안
  4. 결과틀
V. 이행전략
  1. 협력방안
  2. 원조효과성 및 SDGs기여방안
VI. 모니터링 및 평가방안
  1. 모니터링 방안
  2. 평가방안

출처: ODA Korea

파라과이 CPS[113]는 파라과이 국가개발계획(2014-2030)의 빈곤의 감소와 사회개발, 포용적 성장, 세계경제로의 편입이라는 3대 축에 대한 지원을 언급하고 있으며, 한국은 ① 물관리 및 보건위생(수자원에 대한 체계적인 기

113 Ibid.

획, 기획·관리 역량배양 및 공공 보건의료서비스 접근성 개선), ② 교통(지역 간 운송·물류 시스템 개선 및 효율성 제고), ③ 지역개발(가족농·소농의 자립역량강화, 지속가능한 생태도시 구현), ④ 통신(디지털 격차 해소, 일자리 창출 및 신 성장 동력 확보)을 지원한다고 명시하고 있다.[114]

[그림 6-4] 파라과이 CPS 프로그램

국가개발계획 2014-2030 (Plan Nacional de Desarrollo Paraguay 2014-2030)		지식경제에 기반을 둔 경쟁력과 남이 최고의 사회개발을 갖춘 개방적이고 지속가능하며 사회적 정의가 실현되는 투명하고 민주적인 복지국가 건설
한국의 지원목표		• 물 관리 및 보건의료 서비스 접근성 강화 • 운송 · 물류시스템 개선 및 효율성 제고 • 가족농 · 소농의 자립역량강화 및 지속가능한 생태도시 구현 • 디지털 격차 해소, 일자리 창출 및 신 성장 동력 확보
중점분야별 지원방향	물관리 및 보건위생 분야	• 수자원에 대한 종합적이고 체계적인 기획 및 관리 역량 배양 • 건강한 삶을 위한 보건의료전달체계 및 혁신적 보건의료시스템 구축을 통해 국민들의 보건서비스 접근성 강화
	교통 분야	• 지역 간 운송 · 물류 시스템 개선 • 교통 SOC 효율성 제고
	지역개발 분야	• (농촌개발) 가족농 · 소농의 자립역량강화 • (도시개발) 자연, 환경, 사람, 비즈니스가 조화되는 생태도시 구현 기반 조성
	통신 분야	• 디지털 격차 해소 • 일자리 창출 및 성장 동력으로서의 ICT 기반 조성

출처: ODA Korea

114 Ibid.

볼리비아 CPS는 볼리비아 애국정책 2025와 경제사회개발계획(2016-2020)에 명시되고 있는 자원국유화 및 식량안보 확보, 보건·교육 등 기초서비스의 확대를 통한 절대빈곤 근절 등의 목표에 일치하여 CPS의 정책방향을 설정하고 있다.

[그림 6-5] 볼리비아 CPS 프로그램

Agenda Patriótica 2025 볼리비아 애국정책 (~2025)	자원국유화 및 식량안보 확보, 보건 · 교육 등 기초서비스 확대를 통해 2025년까지 절대빈곤 근절하고, 독립적이고 품위 있는 볼리비아를 건설
Plan de desarrollo económico y social 경제사회개발계획 (2016~2020)	경제적, 정신적, 문화적으로 더 나은 삶을 위한 Vivir Bien 개념 실현을 위해 경제사회 전반적으로 68개의 목표와 340개의 지표를 설정하여 2020년까지 연평균 경제성장율 5.8% 및 1인당 국민소득 5,000달러 달성
한국의 지원목표	• 건강한 삶을 위한 효과적인 질병 관리 · 대응과 건강 불평등 해소에 기여 • 새마을 운동, 농축산업 생산성 증대 및 가치사슬 확대를 통한 농촌지역의 통합적 개발을 지원 • 교통체계 통합 정책수립 역량강화를 통한 인구 · 화물의 이동성 제고에 기여 • 신재생에너지 및 소수력 발전 인프로 구축 및 관련 기술 전수 등의 역량강화 실사를 통해 벽지 및 오지 전력 공급과 산업화 기반 마련에 기여

중점분야별 지원방향		
	보건위생 분야	• 건강한 삶을 위한 효과적인 질병관리 및 대응 • 건강한 삶을 위한 건강 불평등 해소
	지역개발 분야	• 새마을운동 경험 공유를 통한 통합적 농촌개발 • 관개 시설 확충과 농업 기술 전수를 통한 농업축산업 생산성 증대 • 농축산업 확대를 통한 지속가능한 농가소득 증대
	교통 분야	• 교통체계 통합 발전 정책 수립 역량강화 • 거점지역 교통인프라 구축 및 운영 역량강화 지원
	에너지 분야	• 소수력발전시설 구축 지원으로 전력보급률 제고 및 지속가능한 성장 기반 마련 • 신재생에너지 보급 및 관련부문 역량강화를 통해 전력생산 방식 다각화 및 지역 균형발전 도모 • 에너지 효율 향상을 통한 지속가능한 성장 기반 마련

출처: ODA Korea

한국은 ① 보건(건강한 삶을 위한 효과적인 질병 관리·대응, 건강불평등 해소), ② 지역개발(새마을 운동, 농축산업 생산성 증대 및 가치사슬 확대를 통한 농촌지역의 통합적 개발), ③ 교통(교통체계통합 정책수립 역량강화를 통한 인구·화물의 이동성 제고), ④ 에너지(신재생에너지 및 소수력발전 인프라 구축, 관련 기술 전수를 통한 역량강화, 벽지 및 오지 전력 공급 및 산업화 기반 마련)를 지원할 계획이다.[115]

---

115 관계부처합동(2016c), "볼리비아 국가협력전략" 참조.

4. 중남미에 대한 정책방향

중남미 지역은 2000년대 이후 경제성장으로 인해 중하위소득국으로 분류되었던 국가들이 중상위소득국으로 발전했으며 국가 내에서도 빈곤비율과 소득격차가 줄어들면서 중산층이 증가하였다. 따라서 DAC공여국들은 중남미에 대한 지원 비율, 협력국 수와 분야에 대해 축소하고 있으며 기존의 사회개발에 집중된 지원보다 기후변화와 환경과 같은 글로벌 과제에 대한 지원을 강화하고 있다.

전통적으로 중남미 지역에 대해 광범위한 접근원칙을 토대로 대다수 국가를 지원했던 미국, 스페인과 같은 공여국들은 지원을 중단할 필요가 있는 국가를 선정하고 이들에 대한 출구전략을 수립하고 있다. 독일, 일본, 스페인은 중남미 국가 중 소득수준이 높고 인적인 역량과 제도적이 체제가 구축되어 있으며 수원국이나 공여국으로 역할하고 있는 멕시코, 브라질, 칠레 등과의 협력 체제를 구축하여 삼자협력 혹은 삼각협력 등 새로운 지원방식과 다자협력기구를 통한 지원을 확대하고 있다.

네덜란드는 원조보다는 무역관계를 통해 중남미 국가에 접근하고 있으며 따라서 민관협력(PPP), 기업의 사회적 책임(Corporate Social Responsibility, CSR) 등 민간부문과의 협력을 통한 지원을 확대하고 있다.

이처럼 최근 중남미는 경제, 사회적 발전을 이루었으나 국가 내 원주민, 여성, 청소년, 노년층 등 취약계층과 특정지역에서 지속되는 빈곤과 소득 격차는 역사적인 배경으로부터 기인하는 사회구조적인 현상으로 볼 수 있다. 또한 최근에는 농업국에서 산업화가 진행되는 국가를 중심으로 도시화 비율이 높아지면서 도시빈곤이 심화되고 있다.

따라서 SDGs체제에서 중남미 국가는 고용과 소득창출을 통한 포용적 경제성장을 강조하고 있으며 취약계층의 의료보건과 교육여건을 개선하기 위한 지속적인 지원이 필요하다. 또한 정부와 공공부문의 제도적인 역량강화, 투명성 제고, 부패와 치안 개선 등 구조적인 측면을 해결하기 위한 부분에 초점을 둘 필요가 있다.

중남미 국가는 생산적 고용과 소득창출 중심의 포용적 경제성장을 강조하고 있다. 따라서 인종, 지역, 계층별 불평등을 완화하고 사회통합을 고려하며 취약계층과 개발환경이 열악한 국가를 선별적(targeting)으로 지원하는 것이 필요하다.

권역별로 볼 때 멕시코를 제외한 중미와 카리브 지역은 중소규모의 경제체제와 경제발전 수준이 대체로 낮은 국가들이 위치해 있다. 또한 장기간 분쟁으로 인해 정치, 사회적인 불안정 상황을 경험하였다.

남미 지역은 경제규모가 크고 전략적인 자원을 보유한 국가들이 위치해 있으며 2000년대 이후 아시아, 유럽과의 교역이 확대되며 두드러진 경제 발전을 달성하였다. 또한 유럽 이민자들이 유입된 코노수르(아르헨티나, 칠레, 우루과이, 파라과이) 국가들은 원주민 비율이 높지 않으며 유럽의 문화권의 영향력이 강한 지역이다.

소득그룹의 측면에서 볼 때, 아이티를 제외하고 중하위소득국과 중상위소득국으로 구분되고 있으며 중상위소득국 중 안티구아바부다, 우루과이, 칠레는 OECD DAC의 수원국 리스트에서 제외될 예정이다. 또한 멕시코,

콜롬비아, 칠레, 브라질 등은 수원국이나 공여국으로서 역할을 확대하고 있으며 일본과 독일 등 전통적인 공여국들과의 협력체계를 통해 제3의 중남미 저소득국을 지원하는 삼자협력 혹은 삼각협력에서 역할하고 있다.

한국은 과거 광역차원의 접근을 통해 중남미 대부분 국가를 지원했으나 2010년 이후 선택과 집중의 원칙을 통해 중점협력국을 선정하고 중점협력국에 대한 CPS를 수립했으며 이들 국가를 중점적으로 지원하고 있다. 현재 한국의 중남미 중점협력국에는 개발환경이 열악한 중미국가가 포함되어 있지 않으며 중점협력국은 모두 남미에 위치해 있는 상위중소득국이다. 특히 중점협력국 중 콜롬비아는 수원국이나 최근 신흥공여국으로서 역할을 확대하고 있다.

오늘날 전통적인 공여국들은 중남미 국가에 대한 정책방향을 전환하고 있다. 이들은 지원규모를 감축하고 있으나 다각화된 행위주체, 지원방식과 형태의 변화, 혁신적인 개발재원의 대두 등 새로운 국제개발협력체제의 변화를 반영한 지원방식(Modality)을 통해 원조효과성을 제고하고 있다.

이러한 흐름에 따라 한국은 중남미 국가에 대해 새롭게 정책방향을 수립하고 이를 토대로 중점협력국 선정기준에 대해 검토할 필요가 있으며 향후 개발상황이 열악한 중미, 카리브 지역의 국가에 대해서 선택의 가능성을 고려할 수 있다. 또한 미국, 네덜란드의 사례에서 보는 것처럼 최근 개발상황에서 진전을 이룬 국가를 대상으로 한국의 지원이 더 이상 필요하지 않은 국가를 검토하고 이를 대상으로 출구전략을 수립할 수 있다.

한편, 개발협력에서 출구전략의 개념은 명확하게 정립되어 있지 않으나 최근 전통 공여국들은 지원을 중단하고 출구를 원활하게 하며 지원중단 이후 수원국에서 프로그램들의 지속가능성을 강화하기 위한 수단으로 출

구전략을 고려하고 있다.[116]

[Box 6-2] 출구전략의 핵심요소: 네덜란드 사례

- **출구전략 대상**
  - 향후 원조규모를 점차적으로 감소하거나 협력관계를 종료할 예정인 국가
  - 공여국과 수원국의 국가, 정치적 환경이 변화함으로써, 원조를 종료하거나 인도적인 지원 혹은 특정부문에 한정하여 관계지속 필요
- **대상국 기준**
  - 협력국의 소득수준이 높은 경우
  - 협력국의 거버넌스가 미비할 경우
  - 공여국의 원조규모가 너무 적어 지원효과가 발생하지 않을 경우
  - 협력국이 자체적으로 공여국과의 개발협력 관계 중단을 원할 경우
- **출구관리**
  - 출구결정 이후 부정적인 효과를 최소화 할 수 있는 방안 모색
  - 타 공여국과의 협력을 통해 펀드조성
  - 기업, NGO 등 민간부문의 재원활용 방안 모색

출처: 정상희(2011)를 활용하여 작성

네덜란드는 중점협력국의 수를 단계적으로 감축한 사례이며, 다음과 같이 네덜란드와 수원국의 정치적 환경의 변화에 따라 원조를 감소 혹은 관계를 종료하거나 인도적인 지원 또는 특정부문에 한정하여 관계를 지속하는 경우 수원국에 대한 출구전략을 수립하였다.

네덜란드의 사례에서 볼 수 있는 것처럼 출구 전략에서 핵심적인 요소는 ODA지원이 중단될 경우 협력국에게 발생할 수 있는 부작용을 최소화하는 것이며 이를 대체할 수 있는 방안을 마련하는 것이다. 따라서 출구전략에는 NGO와 기업 등 민간부문과의 연계를 통한 민관협력(PPP), 타 공여국과의 협력방안 등을 구체적으로 수립하여 이에 대한 방안을 모색하고 전략에 포함하는 것이 필요하다.

116 정상희(2016), "개발협력에서 지속가능한 출구전략의 수립과 운영에 대한 연구", 『국제개발협력연구』, 제8권 1호, p. 180.

따라서 출구전략을 '종료'가 아닌 '전략의 과정(process)'으로 접근하며 출구의 결정으로 인해 직접적으로 영향을 받을 수 있는 수원국 이해관계자들과의 소통과정을 거치는 것이 중요하다. 특히, 이들이 주체로서 역할 할 수 있는 토대와 환경을 조성하고 수원국 측의 다양한 이해관계자들이 이러한 과정에 참여할 수 있는 체제를 구축해야 한다.[117]

개발협력에서 선진국과 개도국 간의 관계는 의존적이며 일방적인 것이 아닌 수평적인 성격의 상호협력적인 구도로 변화하였다. 행위주체와 관련하여 전통적인 DAC공여국에서 신흥공여국, NGO, 민간기업 등 새로운 공여주체의 역할이 양적으로 확대되면서 이들과의 포괄적인 파트너십 관계의 구축을 통한 남남협력, 삼각협력, 민관협력, CSR 등 혁신적인 지원방식에 대한 논의가 확대되고 있다.

이러한 변화의 흐름에 따라 한국은 외교, 통상, 개발협력의 조화를 통해 멕시코, 콜롬비아, 칠레 등 중남미 신흥공여국과의 관계를 확대하고 이들에 대해 전략적으로 접근할 필요가 있다.

따라서 권역별, 소득별 중남미에 대해 다음과 같이 분류하고 이러한 기준에 따라 정책과 전략을 수립할 수 있다.

---

117 Ibid., p. 192.

- 중점협력국(남미): 비교적 경제규모가 크고 전략적인 천연자원을 보유한 국가들이 위치하고 있다. 경제적으로 잠재력이 높으나 지역, 계층별 소득불균형 현상이 두드러지고 있어 특정 지역과 계층을 선별한 지원과 지속가능한 성장을 위한 환경 조성이 필요하다. 현재 한국의 중점협력국에는 볼리비아와 파라과이와 같은 저소득국가와 콜롬비아와 페루와 같은 고소득국가들이 혼재되어 있다. 향후 이 국가들에 대해 ODA를 지속적으로 지원할 것인가에 대한 정책적인 판단이 필요하며 고소득국으로서 더 이상 개발협력 관계를 지속할 필요가 없는 경우 출구전략 수립에 대한 검토가 필요하다.
- 일반협력국(중미): 중미국가들은 대체로 경제규모가 작고 저소득국이 위치하고 있다. 이 국가들에 대해 정치, 사회구조적인 불안요소를 제거하고 중장기 성장기반을 구축하는 것이 필요하다. 이 지역에는 지역통합체가 발달되어 있으며 이러한 지역통합체를 중심으로 지역의 공통적인 개발과제를 해결하기 위한 움직임을 보이고 있으며 따라서 SICA와 같은 지역기구에 대한 지원을 확대할 수 있다.
- 광범위한 협력관계(상위중소득국): ODA에 대한 의존도가 낮으며 신흥공여국으로서 역할을 확대하고 있다. 현재 한국은 이 국가들에 대한 뚜렷한 정책방향은 부재하나 이들과의 협력관계를 강화하고 있으며 이를 통해 중남미 저소득국을 지원하는 남남협력, 삼각협력의 지원방안을 확대할 수 있다. 이외에도 이 국가들과는 외교, 통상, 개발협력의 조화를 통해 PPP, CSR 등 민간부문과의 협력방안을 모색할 수 있다.
- 출구전략국: 한국은 중남미 국가들 중 점진적으로 ODA 지원

을 축소하거나 중단할 수 있는 국가들을 기준에 따라 선정하고 출구전략을 수립할 수 있으며 중남미 신흥공여국과의 협력을 통해 출구이후 협력국에게 발생할 수 있는 부작용을 최소화하고 이를 대체할 수 있는 방안을 모색할 수 있다.

- 기타 카리브 국가와 긴급재해 구호국: 긴급재해가 발생할 경우 재건의 과정을 지원할 수 있으며 인력파견 등을 통해 기술협력 중심의 소규모 사업을 실시 할 수 있다. 또한 카리브 지역의 주요한 지역기구를 통해 공통의 과제를 지원할 수 있다.

[표 6-2] 중남미 협력국의 분류와 지원방식

분류	①그룹: 중점협력국 CPS 수립대상국	②그룹: 일반 협력국	③그룹: 광범위한 협력관계
목표	• 지역과 계층의 소득 불균형 완화 • 지속가능한 경제발전	• 경제, 사회의 구조적인 불안 요소 제거 • 중장기 성장기반 구축	• 외교, 통상, 개발협력 간의 조화 • 협력과 교류
협력 국가	볼리비아 콜롬비아 파라과이 페루	도미니카 공화국 에콰도르 엘살바도르 온두라스 니카라과 과테말라	칠레 멕시코 브라질 콜롬비아
협력국 상황	• 상위소득국과 하위중소득국의 혼재 • 풍부한 광물자원 보유, FTA 체결 등 향후 한국과의 경제관계에서 높은 발전 가능성 • 생물의 다양성 • 1차 산품 수출주도의 경제구조 보유 • 농촌지역의 빈곤과 제한된 경제적 기회	• 하위중소득국(중소규모의 경제 구조) • SICA회원국 • 자연재해 취약국(화산, 태풍) • 정부의 행정, 제도적인 역량 부족(치안, 부정부패만연) • 경제구조의 취약성(단일경작물 재배 시스템, 제조업기반 미비, 송금경제)	• 상위중소득국 • ODA에 대한 낮은 의존도 • 수원국이나 신흥공여국으로서 역할 확대 • 높은 성장잠재력 • 한국과의 높은 교역 및 투자 확대 가능성

정책 수단, 지원 분야	• CPS를 기반으로 지원(CPS의 중점분야를 중심으로) • 향후 출구전략 수립	• SICA, 역내 협의체를 통한 지원 • 치안, 농업, 교육 • 기후변화 등 글로벌 과제 고려 • 자연재해로 인한 인도주의적 지원	• 남남협력, 삼각협력 • 역내협의체, 국제기구를 통한 지원(글로벌 공공재) • 기술협력을 통한 역량 강화

최근 국제개발협력 체제에 다양한 변화가 나타나고 있다. 이러한 변화를 반영하고 있는 SDGs에서 다양한 행위주체와의 협력을 통한 지원이 강조되고 있으며, ODA 혹은 개발협력은 단순한 지원의 개념을 넘어선 공여국과 개도국의 국내적 정책의 개선을 통한 지속가능한 발전을 포괄하는 '국제협력'의 수단으로 고려되고 있다. 또한 SDGs의 목표와 분야별 연계성을 반영한 지원이 필요하며, 이에 따라 개발협력 프로그램은 독립적이며 개별적인 분야를 지원하기보다는 분야 간 연계성(Intersectoral)을 고려하고 정치, 경제, 사회구조의 변화과정을 반영할 수 있는 종합적인 시각에서 접근하는 것이 필요하다.

앞장에서 다루었던 타 공여국의 사례에서 보는 것처럼, 중남미의 개발환경은 변화하고 있으며 이에 따라 중남미에 대한 정책과 지원방식에서 변화가 나타나고 있다. 향후 한국은 개발협력의 관점 뿐 아니라 외교, 통상 등을 포괄하는 국제협력의 관점에서 중남미 국가를 접근할 필요가 있으며 따라서 기존의 개발협력의 관점에서 중시되지 않았던 멕시코, 브라질, 칠레, 콜롬비아 등에 대한 새로운 정책방향을 고려하며 다양한 행위주체와의 포괄적인 파트너십 구축을 통한 지원방식을 확대할 필요가 있다.

마지막으로 중남미는 정치, 경제, 사회의 구조적인 측면에서 취약성이 발생하고 있으며 이러한 구조적인 문제는 단기간 해결하기 어렵다. 따라서 타 공여국의 경우처럼 1,2단계로 구분하여 10년 이상의 장기적인 시각에서 제도적인 역량을 강화하기 위한 프로그램을 추진할 수 있다.

참고문헌

1. 단행본 및 연구논문

강석영(2003), "원주민 동화정책과 원주민운동", 『라틴아메리카의 역사와 문화』, 김우택 엮음, 서울: 소화, pp. 357-473.

관계부처합동(2016a), "17년 국제개발협력 종합시행계획".

______(2016b), "파라과이 국가협력전략".

______(2016c), "볼리비아 국가협력전략".

김은미 외(2012), 『사회보호 프로그램을 통한 도시빈민 지원방안』, 성남: 한국국제협력단.

김은미 외(2016), "최신 국제개발협력 논의동향 분석", 『국제개발협력연구』, 제8권 2호, pp. 75-102.

게레멕, 브로니슬라프(2010), 『빈곤의 역사』, 이성재 옮김, 서울: 길.

한국국제협력단(2015),『지속가능개발목표(SDGs)수립현황과 대응방안』,

성남: 한국국제협력단.

기경석 외(2015), 『국제개발협력 해설서』, 서울: 국제개발협력학회.

앨런, 길버트, 애런(2013), "현대의 도시", 블루엣, 브라이언 W.·올린 M. 블루엣, 『라틴아메리카와 카리브해, 주제별 분석과 지역적 접근』, 김희순·강문근·김형주 옮김, 서울: 까치글.

권기수 외(2012), 『중남미의 개발수요와 한국의 분야별 ODA추진방안』, 서울: 대외경제정책연구원.

박수영·조한슬(2015), 『Post-2015체제의 ODA정의 현대화와 총공적개발지원 분석 연구』, 성남: 한국국제협력단.

블루엣, 브라이언 W.·올린 M. 블루엣(2013), 『라틴아메리카와 카리브해, 주제별 분석과 지역적 접근』, 김희순·강문근·김형주 옮김, 서울: 까치글

손혁상(2010), "국제개발협력의 역사와 주요담론", 『국제개발협력 첫걸음』, 한국국제협력단 ODA교육원 엮음, 성남: 한국국제협력단 ODA교육원, pp. 139-188.

스미스, 피터 H. (2010), 『라틴아메리카, 미국, 세계』, 이성형, 홍욱헌 옮김, 서울: 까치글방.

신혜수(2011), "젠더와 개발", 『국제개발협력이슈』, 한국국제협력단 ODA교육원 엮음, 성남: 한국국제협력단 ODA교육원, pp. 59-105.

오은정(2013), 『KOICA 성평등 개발협력사업 방안』, 성남: 한국국제협력단.

윤종혁 외(2014), 『개발도상국가와의 교육협력에 관한 연구(II): 중남미 교육협력방안 연구』, 서울: 한국교육개발원.

이주하(2011), "빈곤에 대한 정치사회학적 이해", 『한국사회정책』, 제18집 1호, pp. 11-42.

임소영(2011), "환경과 개발", 『국제개발협력이슈』, 한국국제협력단 ODA교육원 엮음, 성남: 한국국제협력단 ODA교육원, pp. 109-159.

임소진(2012), “부산파트너십 이행평가지표 수립방향 및 전략연구”, 『코이카 개발정책 포커스』, 제10호, 성남: 한국국제협력단.

______(2015), “국제사회의 개발재원 지형의 변화와 한국의 개발협력에 대한 시사점”, 『한국의 개발협력』, No. 1, pp. 3-31.

임소진·석창민(2016), “ODA 현대화 최근 논의 분석 I: 지속가능개발을 위한 총공적지원(TOSSD)”, 『한국의 개발협력』, No. 3, pp. 3-40.

정상희(2010), 『선진원조 집행방안 모색을 위한 국별 비교연구』, 성남: 한국국제협력단.

______(2011), “라틴아메리카 개발원조 환경과 한국의 정책과제”, 『이베로아메리카』, 제13권 2호, pp. 229-264.

______(2012), “라틴아메리카 사회정책에 함의된 시사점과 국별지원방안: 빈곤과 불평등 극복방안을 중심으로”, 『국제개발협력』, No. 3, pp. 107-130.

______(2013), “빈곤에 대한 새로운 접근시각을 통해서 본 볼리비아 빈곤양상과 사회 정책의 함의”, 『중남미연구』, 32권 3호, pp. 219-250.

______(2014), “젠더의 관점에서 바라본 과테말라 여성빈곤 실태연구”, 『젠더와 문화』, 제7권 2호, pp. 41-71.

______(2015), “새로운 ODA행위주체와 지원방식에 대한 재고”, 『국제정치연구』, 제18집 1호, pp. 103-122.

______(2016), “개발협력에서 지속가능한 출구전략의 수립과 운영에 대한 연구”, 『국제개발협력연구』, 제8권 1호, pp. 177-201.

정상희 외(2017), 『대구경북지역의 ODA활성화 방안 연구』, 대구: 대구국제개발협력센터

정우진(2011), “빈곤과 개발”, 『국제개발협력이슈』, 한국국제협력단 ODA 교육원 엮음, 성남: 한국국제협력단 ODA교육원, pp. 3-56.

조학덕(2014), “국제개발협력과 ODA”, 『국제개발협력 첫걸음』, 한국국제협력단 ODA교육원 엮음, 성남: 한국국제협력단 ODA교육원, pp. 75-135.

한국국제협력단(2013), 『국제개발협력의 이해(개정판)』, 서울: 한울아카데미.

______(2015), “2015 KOICA 연보”.

Alonso, José Antonio, Pablo Aguirre, Guillermo Santander(2011), *La Cooperación Triangular española en América Latina: un análisis de dos experiencias de interes*, España: Fundación Carolina, Instituto Compultense de Estudios Internacionales.

Ayala Martínez, Citlali & Jorge A. Pérez Pineda(eds.)(2009), *México y los Países en la Renta Media en la Cooperación para el Desarrollo: ¿Hacia Dónde Vamos?*, México: Instituto Mora, FLACSO & Cideal.

Baharoglu, Deniz & Christine Kessides(2002), “Urban Poverty”, in Jeni Klugman(ed.), *A Source Book for Poverty Reduction Strategies 2: Macroeconomic and Sectoral Approaches*, Washington, D. C.: The World Bank, pp. 123-159.

Casas Varez, Marina(2017), *La transversalización del enfoque de género en las políticas públicas frente al cambio climático en América Latina*, Santiago: CEPAL y UNION EUROPEA.

Cecchini, Simone & Bernardo Atuesta(2017), “Programas de transferencias condicionadas en América Latina y el Caribe, Tendencias de cobertura e inversión”, *Politicas Sociales*, 224, Santiago de Chile: CEPAL.

CEPAL(2016), “Horizontes 2030, La igualdad en el centro del

desarrollo sostenible, Trigesimo sexto periodo de sesiones de la CEPAL", Santiago de Chile: CEPAL.

Cuervo, Luis Mauricio(2003), *Pensar el territorio: los conceptos de ciudad-global y región en sus orígenes y evolución, Instituto Latinoamericano y del Caribe de Planificación Económica y Social*, Santiago de Chile: Naciones Unidas.

______(2005), *El falso espejo de la ciudad latinoamericano, Instiituto Latinoamericano y del Caribe de Planificación Económica y Social*, Santiago de Chile: Naciones Unidas.

Heywood, Andrew(2013), 『국제관계와 세계정치』, 김계동 옮김, 서울: 명인문화사.

GIZ(2016), *Triangular Cooperation from Germany's Perspective, Regional Fund for Triangular Cooperation in Latin America and the Caribbean*, Lisbon: GIZ

ICM(Independent Commission on Multilateralism)(2016), "The 2030 Agenda for Sustainable Development and Addressing Climate Change", ICM and IPI(International Peace Institute) discussion paper.

Jung, Sanghee(2017), "La pobreza urbana de América Latina y los desafíos en la era del desarrollo sustentable", *Portes*, Vol. 11, No, 21, pp. 27-48.

Kakwani, Nanak & Ernesto M. Pernia(2000), "What is Pro-Poor Growth", *Asian Development Review*, Vol. 18, No. 1, pp. 1-16.

Le Blanc, David(2015), "Towards integration at last? The sustainable development goals as a network of targets",

UN/DESA(Department of Economic and Social Affairs) Working paper, No. 141.

Meyer, Peter J.(2016), *US Foreign Assistance to Latin America and the Caribbean: Recent Trends and FY2016 Appropriations*, Congressional Research Service.

Ministry of Foreign Affairs of the Netherlands(2013), *A World to Gain, A New Agenda for Aid, Trade and Investment*, Ministry of Foreign Affairs of the Netherlands.

OECD DAC(2001), *The DAC Guidelines: Poverty Reduction*, Paris: OECD.

OECD DAC(2010), *Germany Peer Review 2010*, Paris: OECD.

OECD DAC(2011a), *Spain Peer Review 2011*, Paris: OECD.

OECD DAC(2011b), *The Netherlands Peer Review 2011*, Paris: OECD.

OECD DAC(2014), *OECD Development Co-operation Peer Reviews: Japan*, Paris: OECD.

OECD DAC(2015), *OECD Development Co-operation Peer Reviews: Germany 2015*, Paris: OECD.

OECD DAC(2016a), *OECD Development Co-operation Peer Reviews: United States 2016*, Paris: OECD.

OECD DAC(2016b), *OECD Development Co-operation Peer Reviews: Spain 2016*, Paris: OECD.

OECD DAC(2017), *OECD Development Co-operation Peer Reviews: The Netherlands 2017*, Paris: OECD.

Pardo, Marcía(2013), *Reseña de Programas Sociales para la Superación de la Pobreza en América Latina*, Santiago de Chile:

CEPAL.

SEGIB(2014), *Informe de la Cooperación Sur-Sur en Iberoamérica 2013-2014*, Madrid: SEGIB.

UN(2010), *Millenium Development Goals, Achieving the Millenium Development Goals with Equality in Latin America and the Caribbean: Progress and Challenges*, Santiago de Chile: UN.

UNDP(2010), *Informe Regional sobre Desarrollo Humano*, Costa Rica: Editorama.

UNDP(2016), *Human Development Report 2016*, New York: UNDP.

UNESCO(2006), *National Education Sector Development Plan: A Result-based Planning Handbook*, Paris: UNESCO.

US Department of State & USAID(2014), *FY 2014-2017 Strategic Plan*.

Nicolai, Susan et al.(2016), *Projecting progress, The SDGs in Latin America and the Caribbean*, London: Overseas Development Institute.

Prado, Antonio(2015), *Sistema de Protección social en América Latina*, Santiago de Chile: CEPAL.

UN(2015), *Objetivos de Desarrollo del Milenio, Informe de 2015*, New York: Naciones Unidas.

2. 인터넷 자료

http://www.devco.go.kr/contents.do?contentsNo=41&menuNo=250(검색일: 2015. 7. 29).

http://www.mofa.go.kr/countries/southamerica/countries/20110808/1_22851.jsp?menu=m_40_40_20(검색일: 2015. 8. 6).

http://gcc-kolac.com/webzine/new_webzine_sub.asp?cn_idx=308&wb_idx=58(검색일: 2015. 3. 15).

https://www.cia.gov/library/publications/the-world-factbook/geos/co.html(검색일: 2015. 8. 6).

http://www.medicusmundi.org/en/topics/pnfp-sector-and-global-health-initiatives/thematic-guide-health-in-the-post-2015-un-development-agenda(검색일: 2015. 7. 31).

http://www.oecd.org/dac/korea.htm(검색일: 2015. 7. 29).

http://www.oecd.org/dac/stats/documentupload/DAC%20List%20of%20ODA%20Recipients%202014%20final.pdf(검색일: 2015. 7. 29).

https://public.tableau.com/views/AidAtAGlance_Recipients/Recipients?:embed=n&:showTabs=y&:display_count=no?&:showVizHome=no#1(검색일: 2015. 8. 6).

http://www.una.org.uk/magazine/special-issue-winter-2013/briefing-development-challenge(검색일: 2015. 7. 31).

http://www.usaid.gov/where-we-work/latin-american-and-

caribbean(검색일: 2015. 7. 22).
http://www.youthaward.org/united-nations-millennium-development-goals(검색일: 2015. 7. 31).
http://www.un.org/sustainabledevelopment/news/communications-material/(검색일: 2017. 8. 3).
http://databank.worldbank.org/data/download/site-content/wdi/maps/2017/world-by-region-wdi-2017.pdf(2017. 8. 9).
http://data.worldbank.org/indicator(2017. 8. 9).
http://www.foreignassistance.gov(2017. 8. 15).
http://www.mofa.go.jp/region/latin/latin_e/oda.html(2017. 8. 15).
http://www.cooperacionespanola.es/sites/default/files/plan_director_cooperacion_espanola_2013-2016.pdf(검색일: 2017. 8. 16).
http://pdf.usaid.gov/pdf_docs/PA00JP35.pdf(검색일: 2017. 8. 16).
http://www.odakorea.go.kr/ODAPage_2012/T01/L03_S02_02.jsp(2017. 8. 18).
http://www.mofa.go.kr/trade/development/policy/index.jsp?mofat=001&menu=m_30_130_10(2017. 8. 19).

3. Apéndice

A

- Actores involucrados: 이해관계자
- Actores de la cooperación para el desarrollo: 개발협력의 행위주체
- Agenda de Acción de Accra: 아크라 행동원칙
- Agua potable: 식수
- Alineación: 원조일치
- Apropiación: 주인의식
- Areas Prioritarias: 중점분야
- Armonización: 원조조화
- Arquitectura de la ayuda: 원조체제
- Asociaciones público-privadas(APP): 민관협력
- Ayuda alimentaria: 식량원조
- Ayuda humanitaria o de urgencia: 인도적 지원, 긴급원조
- Ayuda o Asistencia Oficial al Desarrollo(AOD): 공적개발원조
- Ayuda ligada o atada: 조건부 원조

B

- Banco Interamericano de Desarrollo(BID): 미주개발은행
- Banco Mundial: 세계은행

C

- Capacidades institucionales: 제도적인 역량

- Cooperación con la Comunidad Caribeña(CARICOM): 카리브공동체
- Comisión Económica para América Latina y el Caribe(CEPAL): 라틴 아메리카 경제위원회
- Cooperación internacional para el desarrollo: 국제개발협력
- Cooperación bilateral: 양자협력
- Cooperación multilateral: 다자협력
- Cooperación regional: 지역협력
- Cooperación Sur-Sur/horizontal: 남남협력
- Cooperación técnica y científica: 기술협력
- Cooperación trilateral/triangular: 삼각협력
- Cooperación no reembolsable: 무상협력
- Cooperación reembolsable: 유상협력
- Comité de Ayuda para el Desarrollo(CAD): 개발원조위원회

D

- Declaración de París sobre la eficacia de la ayuda al desarrollo: 원조 효과성에 관한 파리선언
- Desarrollo de recursos humanos: 인적자원개발
- Desarrollo sostenible: 지속가능한 개발
- Desastres naturales: 자연재해
- Diálogo político: 정책협의회
- Diversidad biológica: 생물의 다양성
- Donantes emergentes: 신흥공여국
- Donantes tradicionales: 전통공여국

E

- Empoderamiento: 권한강화
- Esperanza de vida: 기대수명
- Estudios de factibilidad: 타당성조사
- Estrategia de Alianza con el País: 국가협력전략
- Enseñanza primaria y secundaria: 초등, 중등교육
- Estrategia nacional de desarrollo: 국가개발전략

F

- Foro de Alto Nivel sobre la Eficacia de la Ayuda al Desarrollo: 원조 효과성에 관한 고위급 포럼
- Fragmentación 파편화
- Fondo Monetario Internacional: 국제통화기금

G

- Gestión Orientada a los Resultados del Desarrollo: 성과중심의 원조
- Gobernanza: 거버넌스

I

- Indice de Desarrollo Humano: 인간개발지수
- Igualdad de género: 성평등
- Investigación conjunta: 공동연구

L

-Línea de pobreza: 빈곤선

M

- Mercado del Cono Sur(Mercosur): 남미공동시장
- Mortalidad de niños: 아동사망률
- Mortalidad materna: 모성사망률
- Mutua Responsabilidad: 상호책임성

N

- Necesidades humanas básicas: 인간의 기본적인 욕구

O

- Objetivos de Desarrollo del Milenio(ODM): 새천년개발목표
- Objetivos de Desarrollo Sostenible(ODS): 지속가능한 개발목표
- Organización de las Naciones Unidas(ONU): 유엔
- Organización de Estados Americanos(OEA): 미주기구
- Organización para la Cooperación y el Desarrollo Económico (OCDE): 경제협력개발기구
- Organización No Gubernamental(ONG): 비정부기구
- Organizaciones internacionales: 국제기구
- Organización de la sociedad civil: 시민사회조직
- Organismo internacional: 국제기구

P

- Países desarrollados: 선진국
- Países de ingreso mediano bajo: 하위중소득국
- Países de ingreso mediano alto: 상위중소득국

- Países en desarrollo(Países en vías de desarrollo): 개발도상국
- Países prioritarios: 중점협력국
- País receptor(benficiario): 수원국
- País donante(oferente): 공여국
- Países de Renta Media(Países de Desarrollo intermedio): 중소득국
- Países en situación fragile: 취약국
- Plan Nacional de Desarrollo: 국가개발계획
- Pobreza extrema: 극빈곤
- Producto Interno Bruto(PIB): 국민총생산
- Programa de las Naciones Unidas para el Desarrollo(PNUD): 유엔개발 계획

R

- Recursos humanos: 인적자원
- Recursos del medio ambiente: 환경자원
- Responsabilidad social corporativa: 기업의 사회적 책임
- Revisión por pares: 동료검토

S

- Salud materna: 모성보건
- Salud reproductiva: 생식보건
- Seguridad humana: 인간안보
- Sistema de Integración Centroamericana(SICA): 중미통합체제
- Sociedad civil: 민간단체
- Sociedad Internacional: 국제사회

- Sistemas de evaluación y monitoreo: 평가와 모니터링 시스템

V

- Voluntario: 봉사단원

〈Objetivos de Desarrollo del Milenio(ODM)〉

1. Erradicar la pobreza extrema y el hambre.
2. Lograr la enseñanza primaria universal.
3. Promover la igualdad de género y el empoderamiento de la mujer.
4. Reducir la mortalidad de los niños menores de 5 años.
5. Mejorar la salud materna.
6. Combatir el VIH/SIDA, el paludismo y otras enfermedades.
7. Garantizar la sostenibilidad del medio ambiente.
8. Fomentar una alianza mundial para el desarrollo.

〈Objetivos de Desarrollo Sostenible(ODS)〉

1. Poner fin a la pobreza en todas sus formas en todo el mundo.
2. Poner fin al hambre, lograr la seguridad alimentaria y la mejora de la nutrición y promover la agricultura sostenible.
3. Garantizar una vida sana y promover el bienestar en todas las edades.
4. Garantizar una educación inclusiva, equitativa y de calidad y promover oportunidades de aprendizaje durante toda la vida para todos.
5. Lograr la igualdad entre los géneros y empoderar a todas las

mujeres y las niñas.

6. Garantizar la disponibilidad de agua y su gestión sostenible y el saneamiento para todos.
7. Garantizar el acceso a una energía asequible, segura, sostenible y moderna para todos.
8. Promover el crecimiento económico sostenido, inclusivo y sostenido, el empleo pleno y productivo y el trabajo decente para todos.
9. Construir infraestructuras resilientes, promover la industrialización inclusiva y sostenible y fomentar la innovación.
10. Reducir la desigualdad en y entre los países.
11. Lograr que las ciudades y los asentamientos humanos sean inclusivos, seguros, resilientes y sostenibles.
12. Garantizar modalidades de consumo y producción sostenibles.
13. Adoptar medidas urgentes para combatir el cambio climático y sus efectos.
14. Conservar y utilizar en forma sostenible los océanos, los mares y los recursos marinos para el desarrollo sostenible.
15. Proteger, restablecer y promover el uso sostenible de los ecosistemas terrestres, gestionar los bosques de forma sostenible, luchar contra la desertificación, detener e invertir la degradación de las tierras y poner freno a la pérdida de la diversidad biológica.
16. Promover sociedades pacíficas e inclusivas para el desarrollo sostenible, facilitar el acceso a la justicia para todos y crear

instituciones eficaces, responsables e inclusivas a todos los niveles.

17. Fortalecer los medios de ejecución y revitalizar la Alianza Mundial para el Desarrollo Sostenible.